新时代法学学术文库

梁慧星 主编

本书受北京理工大学珠海学院资助

美国反补贴法律与实务

叶晓明 王建宇——著

法律出版社
LAW PRESS · CHINA
—— 北京 ——

图书在版编目(CIP)数据

美国反补贴法律与实务 / 叶晓明, 王建宇著. -- 北京 : 法律出版社, 2022
(新时代法学学术文库 / 梁慧星主编)
ISBN 978-7-5197-6426-5

Ⅰ. ①美… Ⅱ. ①叶… ②王… Ⅲ. ①反倾销法-研究-美国 Ⅳ. ①D971.222.94

中国版本图书馆 CIP 数据核字(2022)第 024832 号

美国反补贴法律与实务 **MEIGUO FANBUTIE FALÜ YU SHIWU**	叶晓明　王建宇　著	策划编辑 似　玉 责任编辑 似　玉 装帧设计 李　瞻

出版发行 法律出版社
编辑统筹 法律应用出版分社
责任校对 王　丰　郭艳萍
责任印制 刘晓伟
经　　销 新华书店

开本 A5
印张 7.875　**字数** 201 千
版本 2022 年 8 月第 1 版
印次 2022 年 8 月第 1 次印刷
印刷 北京建宏印刷有限公司

地址:北京市丰台区莲花池西里 7 号(100073)
网址:www.lawpress.com.cn
投稿邮箱:info@lawpress.com.cn
举报盗版邮箱:jbwq@lawpress.com.cn
销售电话:010-83938349
客服电话:010-83938350
咨询电话:010-63939796

书号:ISBN 978-7-5197-6426-5　**定价**:48.00 元
凡购买本社图书,如有印装错误,我社负责退换。电话:010-83938349

总　　序

我于 1988 年起担任中国社会科学院法学研究所民法研究室主任，开始考虑学术发展和人才培养问题。在 20 世纪 90 年代，中国正遭遇学术著作出版难，尤其未成名的年轻学者的学术著作出版更难。我于是仿照王泽鉴先生担任台大法律系主任时编辑出版《台大法学丛书》的办法，编辑出版《中国民商法专题研究丛书》。自从 1994 年出版第一本以来，用了 20 年的时间，按照计划出版了 100 本。

回首这 20 年的时间，中国的民商法学快速发展，我相信这套丛书也起到了重要的作用。丛书中的大部分作者，都是在这套丛书中出版了他们的处女作。他们中许多人现在都成了著名学者，而在这套丛书中出版的处女作，则是他们学术生涯的起点。《中国民商法专题研究丛书》当时的编辑宗旨是，从中国改革开放和发展现代化的市场经济的实际出发，广泛参考发达国家和地区民商事立法的成功经验和最新判例学说，深入研究民商法的基本理论和实践中的重大法律问题，为中国民商事立法的现代化和民商事审判实务的科学化提供科学的法理基础，提升民商法理论水平，推出民商法理论研究人才，使中国民商法理论研究尽快赶上发达国家和地区的水平。我想，最初的想法应该是实现了。《中国民商法专题研究丛书》为我国的民商法理论做出了积累，为民商事立法提供了参考，为民商事司法也提供了借鉴。

2020 年 5 月 28 日，举世瞩目的《中华人民共和国民法典》颁布了。可以说，这是中国几代民法学人的梦想。民法典的颁布，与民商法的学术积累是分不开的。除了编辑出版这套丛书,我还主编了民商法的学术性论文集《民商法论丛》,目前该论丛已经出版了70卷,并入选中文社会科学引文来源期刊(CSSCI)。为了更好地借鉴国外最新的立法成果与学术研究,我又于2013年组织翻译了《欧洲民法典草案》(十卷本),并已经出版。2014年,我还主编了《中国民法典建议稿附理由》(八卷本),该书出版后我还将其转送给相关立法部门。《中国民商法专题研究丛书》《欧洲民法典草案》《中国民法典建议稿附理由》分别入选国家"十一五""十二五""十三五"重点图书出版规划。

2014年,《中国民商法专题研究丛书》的第100本出版后,我就决定不再继续编辑出版了。同年,我来到北京理工大学珠海学院民商法律学院做名誉院长。2015年以来,《中国民商法专题研究丛书》第51到100本书的责任编辑刘文科先生不时找到我,希望我能够把编辑丛书的工作继续下去。由于我年龄大了,精力确实有限,几番推辞。后来学术界的许多朋友也来找我,希望我能够继续编辑丛书。我终于下定决心,将编辑丛书的工作继续下去。

二十几年前,我国民商事立法处于起步阶段,学术著作也多以立法论为主。而伴随着民法典的颁布与实施,解释论的研究会逐渐多起来。这也是我编辑新丛书时的最初想法。当然,继续深入研究发达国家和地区的立法与司法经验,依然十分重要。新的丛书,我希望能够秉持上面所说的两项宗旨。丛书的出版,不限于民商法学科,包括所有法学学科的专题研究著作和博士论文。鉴于中国的法学研究与法律实践正处在一个除旧革新、朝气蓬勃的新时代,我和出版社商量,将这套新的丛书定名为《新时代法学学术文库》。

是为序。

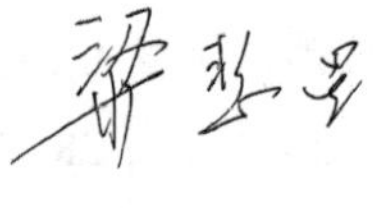

2018年7月

序　言

中美关系尤其是中美经贸关系恐怕是当今世界最重要的一种双边关系。自2001年中国加入世贸组织以来,这种关系一直是风云变幻,各种大小事件层出不穷。最让人难以置信的就是2017年8月美国根据《1974年贸易法》发起针对中国的"301条款"调查,并于2018年3月发布这样一个纯粹单边调查的结果,特朗普总统随即签署命令,美国贸易代表很快于2018年4月1日公布了对中国价值约500亿美元的1300多种产品征收25%的额外关税的清单。当天晚些时候,中国政府以牙还牙,宣布对美国价值约500亿美元的进口大豆、汽车、飞机等征收25%的额外关税。不久,美国政府又宣布对中国2000亿美元的进口产品征收10%的额外关税,并将于12月1日起提升至25%。此后,两国元首在2018年11月底的阿根廷G20峰会期间的双边会晤后同意延迟90天以便双方继续谈判磋商达成贸易协议。但最终经过十轮磋商未达成协议,美国政府于2019年5月10日0点开始将中国2000亿美元的进口产品从原征收10%的额外关税提升至25%,并威胁要对其余的3000亿美元的进口产品征收10%的关税。与此同时,第十一轮磋商于2019年5月9日至10日在美国举行。中美两国元首于6月29日在日本大阪的G20峰会上会晤后同意双方继续谈判磋商达成贸易协议。之后中美两国之间2019年7月30日至31日在中国上海进行了第十二轮磋商,2019 年 10 月 10 日至 11 日在华盛顿进行了第十三轮磋商。最后于 2019 年 12 月 13 日中美双方分别宣布对第一阶段协议的文本达成一致,经过翻译校对和对法律条文的对照后由双方代表于 2020 年 1 月 15 日在华盛顿签字。

至此,一场由美国政府发起的贸易大战由速决战打成了持久战,美方大规模、大动量的全面进攻逐渐失去冲力,由追求一个整体有利于美国的全面协议转变为试图分阶段获得一份双方都可以接受的协议。一年多的时间里,双方均有不同程度的损失,尽管中方损失更多,但中国人的忍耐力也更强。另外,对中国而言,贸易战间接的好处是促使中国政府更加深入改革和对外开放,如举办进口博览会、立法禁止对外商的强制技术转让等;更加重视民营和中小企业的发展,重视制度建设,重视内需市场的扩大、提升和治理;更加主动地与周边国家以及其他发达和发展中国家搞好关系;全体人民更加重视基础教育、基础科学、核心技术的自主研发等。最近中央又提出加快构建以国内大循环为主体,国内国际双循环相互促进的新发展格局。

除了宏观上中美两个大国之间在地缘政治、经济、科技、外交和军事等领域全方位的博弈外,贸易摩擦体现在微观层面就是新的手段和招数不断涌现。特别是由于立案成本低、成功率高,美国国内产业大量平行运用反倾销与反补贴的贸易救济手段,美国商务部也几乎总是同时发起对中国进口产品的反倾销与反补贴调查。例如,即使在 2020 年新冠疫情全球大流行的形势下,美国国内产业仍然申请、美国商务部依旧照例启动了 11 起针对中国进口产品的反倾销、反补贴调查。为了应付这样的调查,中国企业则是两面受敌,不但应诉成本很高而且胜诉率很低。因此从微观角度看,反倾销与反补贴仍然是中美贸易摩擦现阶段和未来相当长时间内的主要形式、重要热点和一贯难点,或者说反倾销与反补贴是中美贸易摩擦的永恒主题。

许多读过《如何应诉美国反倾销》或《美国反倾销法律与实务》的读者,特别是一些活跃在应诉美国反倾销与反补贴第一线的青年律师和众多过去曾经经历过、现在正在或未来可能遭受美国反倾销与反补贴折磨的企业管理人员,纷纷向笔者反映,希望也能够为他们撰写一部指导应诉反补贴的实用教材或参考书。他们还希望这样的一本书篇幅不要太大,能够帮助他们快速熟悉美国反补贴的有关法律法规和应诉反补贴的方法,了解和适应反补贴调查的一些新特点和难点,以便解决应诉过程中经常出现的大量具体问题。虽然反补贴调查的程序与反倾销的调查程序类似,且补贴率的计算相对简单,不需要用到复杂冗长的计算程序,但还是有其本身的特点,因此需要培养一定的应诉能力并掌握一些必要的应诉技巧。于是我们决定写作这本《美国反补贴法律与实务》,作为《美国反倾销法律与实务》的姊妹篇献给读者。

本书的主要内容有两个来源。一是笔者多年来在学校、企业和政府机关讲授反补贴课程或讲座演讲的讲义;二是汇集了笔者十几年来亲自代理中国企业应诉美国反补贴调查的经验、教训、心得、体会等,包括对许多关键问题的深入分析与深度思考。

第一章首先简单介绍美国反补贴调查的程序,以及应诉反补贴调查获胜的方法,即在美国国际贸易委员会获得同类产品无损害裁决、在美国商务部获得较低的补贴率或将产品从调查范围排除。接下来用五章的篇幅详细介绍和讲解补贴的定义和种类(第二章),补贴利益的确定(第三章),贷款的补贴利益(第四章),低价提供生产要素的补贴利益(第五章),补贴率的计算(第六章)。反补贴命令颁布后,如果中国企业打算维持或重返美国市场,实践中可以有效利用的程序包括:产品范围界定、年度行政复审、新出口商复审、日落复审、情势变更复审和司法审查等。其中,最经常使用以及国内代理律师参与最多的是年度行政复审,因此本书第七章重点介绍了年度行政复审的程序和操作方法。

反补贴与反倾销的最大不同点在于应诉主体的二元性,即政府和企业都要应诉,整个应诉反补贴调查或复审的过程通常主要包含四部分的工作,即回答问卷、寻找外部基准价格、实地核查、提交案情摘要与发现行政性错误,第八章分别就这些内容进行详尽的讨论。第九章介绍和简评美国针对中国反补贴调查的历史和现状。为了增加阅读的趣味性并使读者有一种身临其境的感觉,同时也可以帮助读者加深理解前面各章节的内容,本书最后一章以纪实文学的形式讲述了四个真实的案例故事。

书中凡在需要援引法律法规的地方笔者均认真对照原文,努力做到精准翻译。在引用裁决结果、备忘录、评论报告等文件时,尽量做出通俗的释义。书中为丰富内容或阐明原理所列举的案例绝大多数都是笔者亲自代理或参与承办的案件。

2021 年 3 月 30 日

目　录

第一章　美国反补贴调查程序

美国的反补贴调查采用与反倾销调查几乎相同的程序规则，适用的法律和法规也基本相同，包括世界贸易组织（World Trade Organization，WTO或简称世贸组织）《补贴与反补贴措施协定》（Agreement on Subsidies and Countervailing Measures）；美国《1930年关税法(修正)》第七编，第701～705节、第771节和第777A(f)节[Tariff Act of 1930，Amended，SEC. 701 to 705，771 and 777A(f)]；《美国商务部反倾销与反补贴条例》(19 C.F.R.351)；《美国国际贸易委员会倾销与补贴的损害调查规则》(19 C.F.R. 207)等。我们在这一章里只简要介绍有关反补贴调查的程序以及一些与初始立案调查有关的内容。

第一节　反补贴调查程序简介

一、实施反补贴措施的要件

与反倾销调查类似，采取反补贴措施也必须满足三个法律规定的条件：[①]一是出口国政府包括出口国境内的公共机构对进口到美国的一类产品的制造、生产、出口提供了可反补贴；二是生产同类产品的美国国内产业受到了实质损害或实质损害威胁，或这一产业的建立被实质

① Tariff Act of 1930，SEC. 701(a) (19 U.S.C. 1671).

阻碍;三是存在因果关系,即损害是由补贴的进口产品造成的。

二、与调查有关的机构

与反倾销一样,美国商务部(United States Department of Commerce, DOC)负责补贴调查;美国国际贸易委员会(United States International Trade Commission, ITC)负责损害调查;美国海关和边境保护署(United States Customs and Border Protection, CBP)负责执行调查机构的裁决;美国国际贸易法院(United States Court of International Trade, CIT)负责审查调查机构的裁决;美国联邦巡回上诉法院(United States Court of Appeals for the Federal Circuit, CAFC)负责审查美国国际贸易法院的裁决。

三、发起调查

与反倾销调查相同,美国商务部发起反补贴调查也是基于申请发起或自行发起。①

1. 基于申请的调查

美国国内产业必须同时向美国商务部和美国国际贸易委员会提交反补贴调查申请,在申请书中向美国商务部证明进口产品存在可反补贴,向美国国际贸易委员会证明补贴的进口产品对生产同类产品的国内产业造成损害,并且损害是由补贴进口造成即因果关系成立。申请书的内容包括:

(1)被调查产品的定义和范围;

(2)产业支持程度;

(3)补贴的证据;

① Tariff Act of 1930, SEC. 702(a)and(b) (19 U. S. C. 1671a).

(4)损害的证据和因果关系。

2. 美国商务部自行发起调查

美国商务部可以根据所掌握的信息自行发起调查，如 2017 年年底发起的对中国进口普通合金铝板的反倾销、反补贴调查。[①]

3. 发起调查的决定和时限

与反倾销调查一样，美国商务部接到申请书后一般会在 20 天内，特殊情况可以延期至 40 天内发起调查。但在发起前，美国商务部除了要：(1)审查申请人资格和产业代表性，即申请人的产量必须占到国内同类产品总产量的 25% 或以上，并且占到表示支持与反对意见的那部分产量的 50% 或以上；(2)审查证据的充分性和准确性；还要与被调查国政府磋商。这其中，审查证据的过程比较粗糙，而所谓的磋商其实就是走一个形式，很少听说有通过磋商决定停止调查的先例。

美国商务部在决定发起调查后必须正式发布立案调查通知。通知的主要内容包括：(1)接受并同意申请方的反补贴立案调查申请；(2)调查的期间；(3)调查的范围；(4)对调查范围的评论时限；(5)关于磋商；(6)调查申请书的行业支持；(7)关于损害测试；(8)实质损害和因果关系的指控与证据；(9)强制调查企业的选择；(10)关于通知美国国际贸易委员会；(11)国际贸易委员会初裁的时限和对调查的影响；(12)提交事实信息的时限和要求；(13)延期的申请和要求；(14)提交文件的方式和要求；(15)参与调查与阅览保密信息的申请；等等。[②]

---

① *Common Alloy Aluminum Sheet from the People's Republic of China: Initiation of Less-Than-Fair-Value and Countervailing Duty Investigations*, 82 Federal Register 57214 (2017).

② *Certain Walk-Behind Lawn Mowers and Parts There of from the People's Republic of China: Initiation of Countervailing Duty Investigation*, 85 Federal Register 37426 (2020).

四、美国国际贸易委员会初裁

美国国际贸易委员会要在申请书提交后45天内,或在立案决定延期的情况下美国商务部立案后25天内作出关于损害的初步裁决。如果裁决是否定的或涉案产品的进口可忽略不计,即无损害,则调查终止。[①] 如果裁决是肯定的,即存在实质性损害或损害威胁,则美国商务部初裁阶段的调查继续进行。

五、美国商务部初裁

1. 初裁的调查形式

美国商务部初裁阶段的调查主要以发放问卷的形式获取初步裁决所必要的信息,所以它在接到国际贸易委员会肯定性初裁的决定后(经常也会在决定前),首先要确定强制调查企业。确定强制调查企业的方法或是根据美国海关的进口数据,或是通过向已知的涉案国出口企业发放数量金额问卷收集信息。绝大多数情况下根据美国进口涉案产品的数量,少数情况下根据金额选择强制调查企业。然后向涉案产品的出口国政府和强制调查企业发出反补贴调查问卷。答卷的时间一般为收到答卷之日起的30天内,考虑向外国政府和应诉企业邮寄问卷的时间,实际一般答卷的时间为37天。

2. 初裁的时限

美国商务部一般要在立案后65天内,复杂情况可以延期至130天内(由国内产业提出申请),作出是否存在可反补贴的初步裁决。[②] 如果初裁延期是由于涉及需要调查上游投入补贴的情况,视一般或复杂情

---

① Tariff Act of 1930, SEC. 703(a) (19 U.S.C. 1671b).

② Tariff Act of 1930, SEC. 703(b) and (c) (19 U.S.C. 1671b).

形,商务部的初裁还可延期至提交申请书后 250 天或 310 天内(立案后 230 天或 290 天内)。无论初裁结果是肯定还是否定,美国商务部都将进行最终裁决。如果初裁是否定的,美国国际贸易委员会需等待美国商务部肯定性终裁结果,然后开始其终裁阶段的调查。如果初裁是肯定的,国际贸易委员会开始其终裁阶段的调查。

3. 初裁的结果

正式公布初裁的同时,美国商务部开始采取临时反补贴措施包括:①

(1)公布应诉企业的初步估算补贴率。强制调查企业:各自的单独补贴率。其他企业:强制调查企业的加权平均补贴率(不包括微量不计的补贴率和完全根据既有事实进行不利推断得出的惩罚性补贴率),当仅有两家强制调查企业时,其他企业的补贴率为强制调查企业的简单平均或按公开版对美销售涉案产品的金额加权平均。不合作企业:惩罚性补贴率。

(2)通知海关中止涉案产品的海关清算。

(3)进口商若继续进口涉案产品,须提交现金保证金、保函或其他担保。

4. 披露补贴率计算程序

此外,美国商务部应于初步裁决作出后的 5 天内披露补贴率计算方法和计算数据,利害关系方可以有 5 天的时间检查美国商务部初裁计算,要求其修改显著行政性错误。如污水铸铁管件一案,我们代理安徽崇商应诉,初裁的补贴率为 12.72%。经过仔细检查美国商务部的补贴计算过程,发现美国商务部在计算废钢铁和生铁的外部基准价格时,重复计算了从港口到工厂的运输距离,造成了补贴率的人为提升。我

① Tariff Act of 1930, SEC. 703(d) (19 U.S.C. 1671b).

们及时提交了有关显著行政性错误的评议,美国商务部接受了我们的评议并在修正的初裁通知中将补贴率降为7.37%。[①]

5. 紧急情况裁决

美国商务部可能还要初步裁决紧急情况是否存在,存在根据:

(1)有合理的基础相信或怀疑被指控的可反补贴不符合世贸组织关于补贴与反补贴措施的协议。通常只要发现有出口补贴或进口替代补贴,即使只有可忽略不计的补贴率(<0.005%),这一条件便可以满足。[②]

(2)立案后相对短的时间段与立案前相对短的时间段比较,进口数量到达或超过15%。

一旦裁定紧急情况存在,则进口商一般须对初裁前90天内进口的涉案产品按照初裁的补贴率提交现金保证金、保函或其他担保。

六、美国商务部终裁

1. 终裁的时限

美国商务部要在初裁后75天内,作出是否存在可反补贴的终裁。如果美国商务部同时还发起了反倾销调查,经由申请方提出要求,美国商务部可以将反补贴调查的终裁延展至与反倾销调查的终裁同时作出。[③] 如果初裁之后商务部决定需要调查上游投入补贴的指控,视一般或复杂情形,商务部还可延期至初裁后的165天或225天内作出是否存

---

① *Cast Iron Soil Pipe Fittings from China: Amended Preliminary Determination of Countervailing Duty Investigation*, 83 Federal Register 2768 (2018).

② *Laminated Woven Sacks from the People's Republic of China: Preliminary Affirmative Countervailing Duty Determination; Preliminary Affirmative Determination of Critical Circumstances, In Part; and Alignment of Final Countervailing Duty Determination with Final Antidumping Duty Determination*, 72 Federal Register 67893 (2007).

③ Tariff Act of 1930, SEC. 705(a) (19 U.S.C. 1671d).

在可反补贴的最终裁决。[①] 如果终裁是否定的，则调查终止；如果终裁是肯定的，美国国际贸易委员会将就是否存在实质性损害或损害威胁作出终裁。

2. 终裁调查的内容

为了作出最终裁决，美国商务部需要：

(1) 对应诉企业和出口国政府进行实地核查，发布核查报告。

(2) 分析利害关系方提交的案情摘要和反驳摘要，并在此基础上准备其终裁的裁决备忘录。

(3) 必要时，召开听证会。

3. 终裁的结果

在正式公布肯定性终裁的同时，美国商务部继续采取临时反补贴措施包括：

(1) 公布应诉企业的最终估算补贴率。强制调查企业：各自的单独补贴率。其他企业：强制调查企业的加权平均补贴率（不包括微量不计的补贴率和完全根据既有事实进行不利推断得出的惩罚性补贴率），当仅有两家强制调查企业时，其他企业的补贴率为强制调查企业的简单平均或按公开版对美销售涉案产品的金额加权平均。不合作企业：惩罚补贴率。

(2) 通知海关继续中止涉案产品的海关清算，何时进行清算等候美国商务部进一步通知。

(3) 进口商若继续进口涉案产品，须按终裁补贴率提交现金保证金、保函或其他担保。

值得注意的是：上述临时反补贴措施不能超过 4 个月或 120 天。

---

① Tariff Act of 1930, SEC. 703(g)(2) (19 U. S. C. 1671b).

4. 披露补贴率计算程序

美国商务部应于5天内披露补贴率计算方法，给予利害关系方5天的时间提交关于发现任何行政性错误的评议报告。一旦美国商务部同意接受这些行政性错误，将会发出修正的终裁通告。

5. 紧急情况裁决

终裁时，美国商务部可能还要裁决紧急情况是否存在，存在根据与初裁基本相同：

(1)确定被指控的可反补贴不符合世贸组织关于补贴与反补贴措施的协议。通常只要发现有出口补贴或进口替代补贴，这一条件便可以满足。

(2)立案后的一段时间与立案前同样长度一段时间的比较，进口数量到达或超过15%。

如果初裁没有裁定存在紧急情况，则一旦终裁裁定紧急情况存在，进口商一般须对初裁前90天内进口的涉案产品按照终裁补贴率提交现金保证金、保函或其他担保。

七、美国国际贸易委员会终裁

美国国际贸易委员会要在美国商务部肯定性终裁后45天之内作出有关损害的最终裁决。① 如果终裁是否定的，则调查终止；如果终裁是肯定的，即存在实质性损害或损害威胁，则美国商务部将发布反补贴税命令。如果美国商务部裁决紧急情况存在，美国国际贸易委员会也必须作出自己关于紧急情况的裁决。在以往几乎所有的案例中，美国国际贸易委员会关于紧急情况的裁决都是否定的。但是在最近的小排量立轴发动机一案中，美国国际贸易委员会作出了关于紧急情况的肯

① Tariff Act of 1930, SEC. 705(b) (19 U.S.C. 1671d).

定裁决。①

八、反补贴命令的颁布

美国商务部应于美国国际贸易委员会肯定性终裁后的7天内发布反补贴税命令。该命令的发布标志立案或初始调查阶段的结束。在命令中,美国商务部根据其补贴存在的最终裁决采取正式反补贴措施包括:

(1)公布应诉企业的最终补贴率。强制调查企业:各自的单独补贴率。其他企业:强制调查企业的加权平均补贴率(不包括微量不计的补贴率和完全根据既有事实进行不利推断得出的惩罚性补贴率),当仅有两家强制调查企业时,其他企业的补贴率为强制调查企业的简单平均或按公开版对美销售涉案产品的金额加权平均。不合作企业:惩罚补贴率。

(2)通知海关继续中止海关清算。

(3)进口商若继续进口涉案产品,须按命令指定的补贴率提交现金保证金、保函或其他担保。

(4)何时按何种税率进行海关结税清算等候商务部进一步通知,实际由第一次年度行政复审的终裁结果决定。

美国法律规定美国商务部有权对不同国家适用不同的微量不计补贴率。② 对一般国家适用的微量不计补贴率为1.0%,发展中国家为2.0%,最不发达国家为3.0%。美国贸易代表决定哪些国家是发展中国家,哪些国家为最不发达国家。中国虽然在世贸组织中还被列为发

---

① International Trade Commission, *Small Vertical Shaft Engines from China*, 86 Federal Register 22975 (2021).

② Tariff Act of 1930, SEC. 703(b)(4) and SEC. 771(36).

展中国家，但美国商务部对中国一直是采用1.0%来衡量微量不计的补贴率。

第二节 临时反补贴措施的“窗口”现象

我们上面提到，根据美国反补贴法律，临时反补贴措施的法定期限从商务部初步裁决正式公布之日起不得超过4个月（120天），而确定的正式反补贴措施从美国国际贸易委员会的损害终裁正式公布之日起开始实施（这一点与反倾销调查相同，那里确定的正式反倾销措施也是从美国国际贸易委员会的损害终裁正式公布之日起开始实施）。临时反补贴措施终止后的第一天至美国国际贸易委员会的损害终裁正式公布之日前一天之间的这一段时间就是所谓的“窗口”（有时又称为“间隙”），在没有任何终裁延期的情况下一般有一周左右的时间。如果美国商务部将反补贴调查的终裁延展至与反倾销调查的终裁同时作出，或由于初裁之后需要调查上游投入补贴的指控而延期，这个窗口期则可能会长达数月之久。如污水铸铁管件一案，临时反补贴措施始于美国商务部初裁在《联邦公告》（*Federal Register*）上的公布之日，即2017年12月19日。该措施执行的最后一天即第120天是2018年4月17日，而美国国际贸易委员会于2018年8月28日在《联邦公告》上公布其损害终裁。这样，从2018年4月18日至8月27日就产生了一个4个多月的“窗口”或“间隙”。“窗口”期间进入美国的涉案产品不必交纳现金保证金、保函或其他担保，直接按无补贴产品结税清算，当然不必也不能参加未来的第一次年度行政复审。

第三节　初始立案调查的结果及其影响

显然,初始立案调查的结果只有两种:一种是获胜,另一种是失利。同应诉反倾销调查一样,应诉反补贴初始立案调查也有三种可能获胜的方法:一是在美国国际贸易委员会的损害调查中通过同类产品的抗辩争取无损害裁决;二是尽量在美国商务部的补贴调查中获得零或低补贴率;三是努力将产品从美国商务部的调查范围中排除。我们将在下面的三节中分别介绍这三种方法。中国企业参加初始立案调查的目的主要有两个:一是希望获得较好的税率,如果获得零或低税率将成为独家出口企业,客观上取得被调查产品在美国市场的竞争优势;二是通过参与调查过程积累和吸取应诉的经验和教训,同时保留好案件资料和调查记录以便申请后来的年度行政复审或提起司法审查。同反倾销调查一样,反补贴初始立案调查的结果不好并不是世界末日,企业还可以参加反补贴命令下达后的后续程序,如产品范围的裁定、年度行政复审、新出口商复审、司法审查、日落复审、情势变更复审等,争取重新回到美国市场。这些后续的程序与反倾销调查的内容和方式几乎一样。其中实际运用和中国律师参与最多的也是年度行政复审,我们将在第七章介绍年度行政复审的程序和操作方法。

第四节　在美国国际贸易委员会的损害调查中争取无损害裁决

无论是反倾销调查还是反补贴调查,我们经常说在损害调查中全行业都在同一条“大船”上,所有企业包括涉案产品的进口商和出口商的利益是一致的。然而,由于进口商处在与美国国内产业直接竞争的前线位置，而损害调查又是主要针对美国生产同类产品的国内产业，所以在损害调查中，一般而言是以进口商为主，出口商为辅。实践中，中国企业即涉案产品的出口商和生产商能做的主要有两点：一是证明进口涉案产品没有对美国国内产业造成实质性损害威胁，证明的方式主要体现在大部分涉案产品的生产商、出口商积极参与应诉，提交并正确回答美国国际贸易委员会发给外国生产商的问卷；二是关于同类产品的争辩，这是我们下面着重讨论的内容。

一、什么是同类产品

在反倾销与反补贴的调查中，同类产品的确定十分关键。美国反倾销反补贴立法将同类产品划分为两种，即"国内同类产品"①和"外国同类产品"。② "国内同类产品"是指进口国国内生产的与被调查产品相同的产品，或在没有相同产品时，与被调查产品在特征和用途上最为相似的产品。"外国同类产品"关系到出口国国内市场上哪些产品被用于确定正常价值（正常价值是反倾销调查中的一个重要概念，由于反补贴调查并不涉及正常价值的问题，我们这里不再讨论外国同类产品）。"国内同类产品"则关系到哪些产品落入损害分析的范围，哪些公司构成国内产业，进而确定声称被进口产品损害而需要调查并采取反倾销、反补贴措施的国内产业是否受到损害以及是否倾销或补贴与损害之间存在因果关系。因此，"国内同类产品"是确定美国国内产业是否受到倾销或补贴损害的关键，即损害调查涉及的是"国内同类产品"。

二、如何确定同类产品

美国国际贸易委员会在反倾销反补贴调查中对国内同类产品的确

---

① Tariff Act of 1930, SEC. 771(10) [19 U.S.C 1677(10)].

② Tariff Act of 1930, SEC. 771(16) [19 U.S.C 1677(16)].

定实际上是个事实认定问题，它依据个案情况来适用“相同”（like）和“特征和用途上最相似”（most similar in characteristics and uses）的法定标准。在界定国内同类产品时，美国国际贸易委员会通常会考虑一些重要因素，包括：(1)进口产品和国内产品是否具有相似的物理特征和用途；(2)是否可以相互替代；(3)是否通过相同的分销渠道；(4)是否可以在相同的生产设施上生产、使用相同生产流程和生产工人；(5)消费者和生产者的直观感觉（customer and producer's perception），即消费者和生产商认为进口产品和国内产品是相同产品；(6)是否有相似的价格。上述没有一项因素是决定性的，美国国际贸易委员会还可能依据具体调查的事实考虑其认为相关的其他因素。总之，美国国际贸易委员会通常会忽略产品之间的细微差别，寻找可能的同类产品之间的明显划分界线，并根据被调查产品的种类，进一步分析是否存在若干独立的国内同类产品。

三、如何确定国内产业

一旦在调查中美国国际贸易委员会确定了国内同类产品，那么“国内产业”被定义为“同类产品的国内生产者全体，或总产量构成同类产品国内总产量主要部分的国内生产商”。① 换句话说，一种国内产业是由所有或主要生产国内同类产品的生产商构成的。因此，确认国内同类产品成为判定进口倾销或补贴产品是否对进口国国内产业造成损害的基础，是一个具有决定性意义的前提。如果没有国内同类产品也就不存在所谓的国内产业，自然也就失去了通过实施反倾销反补贴措施加以保护的对象。由此可见，国内同类产品的范围不仅决定国内产业的范围，而且还会对损害的裁定产生重要影响。

---

① Tariff Act of 1930, SEC. 771(4)(A) [19 U.S.C 1677(4)(A)].

四、美国国际贸易委员会调查的权限和可能结果

美国商务部负责决定被调查产品的定义和范围,美国国际贸易委员会不能改变美国商务部关于被调查产品的定义和范围的裁定,但美国国际贸易委员会负责决定哪些美国国内产品同美国商务部已经确定的被调查产品是相同的或相似的。适当情况下,美国国际贸易委员会可以扩大美国国内同类产品的范围,纳入美国商务部调查范围没有包括的产品;或者发现了与进口被调查产品相对应的两个或两个以上独立的国内同类产品。

当美国国际贸易委员会扩大了美国国内同类产品的范围,使国内同类产品的范围变宽时,包含的生产同类产品的生产商数量可能更多,即国内产业可能会扩大,某些与被调查产品并不相同的产品的生产商甚至反对申请的生产商都会包含进来,结果导致进口产品被裁定对国内产业产生损害的可能性变小。另外,当美国国际贸易委员会发现了有两个或两个以上与进口被调查产品相对应的独立的国内同类产品,使得每一个独立的国内同类产品的范围变窄时,由于此时生产每一独立同类产品的生产商数量可能减少,即对应的国内产业可能会缩小,有时甚至仅剩下申请方,导致进口产品被裁定对国内产业造成损害的可能性变大。但因此受到救济的产品种类可能会减少,即某些独立的同类产品可能由于没有对相应的国内产业造成损害而会被排除出被调查产品的命令范围。

五、抗辩策略

美国商务部发布的反倾销反补贴命令所涵盖的产品范围只能是那些被美国国际贸易委员会认定为国内同类产品,且已经给国内产业带来损害的被调查产品。实践中,我们主要是通过同类产品抗辩争取实

现某些种类的产品可能由于无损害而被排除出涉案产品范围。具体而言，就是首先设法将被调查产品细分为若干独立的有明显划分界限的产品种类，然后分析美国国内同类产品是否也存在对应的独立同类产品。通过试图缩小独立同类产品的范围，证明美国生产某种独立同类产品的国内产业并没有受到损害，从而将这些产品排除在外。

在铸铁污水管件一案中，美国国际贸易委员会就裁定排水装置（俗称地漏）与管件是两类独立的同类产品，排水装置并没有对对应的美国国内产业造成损害，于是美国商务部在其反补贴命令中将排水装置从产品的命令范围内排除。①

第五节 在美国商务部的补贴调查中获得零或低补贴率

美国商务部的反补贴调查仅仅针对中国政府以及涉案产品的出口商和生产商。我们在本书中基本不涉及政府应诉的事宜，因此除去应与政府配合答卷之外，此时的涉案企业纷纷跳下应诉损害调查的"大船"，开始划行自己应诉补贴调查的"小船"，基本处于个别企业单打独斗的状况。对于那些被选上强制调查的企业，如果条件比较好（估算补贴率较低）的话，可以通过自己的努力获得一个有利的单独税率。而那些没有被选上强制应诉的企业则只能获得一个强制调查企业加权平均的补贴率，有一种命运掌握在别人手中的感觉。由于出口量大的企业一般在人员配备和资金方面都比较充裕，获得较好结果的概率一般也比较大，因此许多出口量大的企业都特别希望被选上强制调查企业。

① *Cast Iron Soil Pipe Fittings from China*: *Countervailing Duty Order*, 83 Federal Register 44566 (2018).

然而那些可能选不上强制调查的出口量较少的企业如果采取配合调查的态度,比如按时提交美国商务部的数量金额问卷也可以获得一个不错的平均补贴率。

根据补贴的定义和种类,在确定补贴的利益之后,补贴率就是补贴利益的金额除以所应归属的产品的销售额。直觉上,要想获得零或低补贴率,无非有比较低的补贴利益金额或比较大的销售额。其实虽然估算补贴率本身具有一定的技术含量,但这仅仅是整体应诉的一部分,更为重要的还是需要掌握中美两国有关的法律、会计和财务管理等综合知识,同时要有好的英语读写能力。

我们将会在接下来的五章里全面、深入、详细介绍补贴的定义和种类、补贴利益的确定以及补贴率的计算。

第六节　将产品从美国商务部的调查范围排除

无论是反倾销调查还是反补贴调查,如果在初始立案调查过程中对产品的定义或涵盖范围有异议,利害关系方可以要求美国商务部就产品定义或范围作出澄清或裁定。大多数情况下,主要是应诉一方,即涉案产品的进口商或出口商试图将某些产品排除出调查范围。少数情况下,也有申诉方想扩大调查范围以防止日后可能发生的风险。

一旦美国商务部决定发起反倾销或反补贴调查时,它将在《联邦公告》上发布发起反倾销或反补贴调查公告,其中特别重要的有一段包括对产品调查范围的描述,如受调查产品的物理特征、产品用途以及仅供参考的关税编码等,并且明确哪些产品被排除在外。凡是包括在这一范围内的所有种类、类型的产品都统一称为被调查产品(merchandise under investigation)。[①] 美国反倾销反补贴法将涉案产品(subject merchandise)定义为包含在调查范围内的那些特定种类的产品,[②]因此涉案产品本身也是被调查产品。它们之间的区别仅仅在于,由于事实上并非所有种类、类型的被调查产品都销往美国,因此涉案产品通常特指那些在美国或向美国销售的被调查产品。实践中,应诉企业有三个时间段可以向美国商务部申请产品排除。

一、在发起调查前的申请书审查阶段

这期间美国商务部会就被调查产品范围同申诉方进行讨论,以确保该范围准确反映了美国国内产业正在寻求救济的产品。[③] 应诉方也可以利用这段时间对产品范围进行评议,试图将某些产品在发起初始立案调查的通知中排除。如多层实木复合地板一案中,由于应诉方的争辩,美国商务部在发起初始立案调查的公告中明确将软木地板、竹地板、强化复合地板等产品排除在调查范围之外。[④]

二、调查发起后至初裁前

美国商务部通常会在发起调查公告中为利害关系人留出一段时间(通常为20天,一般可以申请延长),鼓励他们就产品的涵盖范围提出评议。设立上述磋商期的目的就是在作出初裁前为美国商务部

---

① 英文表述经常还出现 Merchandise under Consideration 或 In-scope Merchandise 等。

② Tariff Act of 1930, SEC. 771(25) [19 U. S. C 1677(25)].

③ See Department of Commerce, "During our review of the Petition, we discussed the scope with Petitioners to ensure that it is an accurate reflection of the products for which the domestic industry is seeking relief", *Aluminum Extrusions from the People's Republic of China: Initiation of Antidumping Duty Investigation*, 75 Federal Register 22109 (2010).

④ *Multilayered Wood Floorings from PRC: Initiation of Antidumping Duty and Countervailing Investigation*, 75 Federal Register 70719 (2010).

提供一个考虑所有评议以及同各方就被调查产品的定义与范围进行磋商的机会。①②

如前所述,美国商务部发起初始调查立案公告中通过产品定义确定被调查产品的范围。产品定义主要包含以下内容:(1)被调查产品物理特征的描述(对某些产品也会有化学成分的描述)。例如产品外观、质量、长度、宽度、厚度、加工方法、主要用途等。(2)与关税税则的关系。美国商务部特别强调,列明的关税税则号仅是为方便报关,对被调查产品的文字描述才具有决定性。(3)明确排除一些产品,美国商务部通常采用枚举的方式明确哪些产品不是被调查产品。

被调查产品界定的准确性非常重要,它直接涉及倾销和补贴调查的范围,又关系到反倾销反补贴措施的保护范围。应诉企业要通过积极评议尽量缩小被调查产品的保护范围,减少反倾销反补贴措施对将来出口美国的影响面。

应诉企业可以从下列几个方面进行评议:

(1)描述被调查产品范围的文字表达是否准确、清楚;

(2)哪些种类的产品应该被排除在外及其理由;

(3)是否应当包括零部件、半成品等以及理由。

---

① *Antidumping Duties*; *Countervailing Duties*; *Final Rule*, 62 Federal Register 27296, 27323 (1997) (Preamble).

② See Department of Commerce, "we are setting aside a period of time for parties to raise issues regarding product coverage (i. e., scope)", "Commerce will consider all comments received from interested parties and, if necessary, will consult with interested parties prior to the issuance of the preliminary determination", "To facilitate preparation of its questionnaires, Commerce requests that all interested parties submit scope comments by 5:00 p. m. Eastern Time (ET) on July 6, 2020, which is 20 calendar days from the signature date of this notice. 8 Any rebuttal comments, which may include factual information, must be filed by 5:00 p. m. ET on July 16, 2020, which is 10 calendar days from the initial comment deadline", *Certain Walk-Behind Lawn Mowers and Parts Thereof from the People's Republic of China*: *Initiation of Countervailing Duty Investigation*, 85 Federal Register 37426 (2020).

特别值得注意的是，申诉方在其申请书中对被调查产品进行描述时，不需要枚举其可能试图放入反倾销反补贴命令之内的所有产品，因此申请书中没有提到的某个产品并不必然表明该产品不是被调查产品。另外，协调关税编码（USHTS）也不能唯一决定产品的调查范围。应诉方如要将某一类产品排除在外，应从以下五个方面给出充分理由以证明被排除产品不满足被调查产品的定义和范围：①

（1）产品的物理特征；

（2）最终购买人的预期；

（3）产品的最终用途；

（4）产品的销售渠道；

（5）产品广告和展示的方式。

如果可以通过与申请书和立案通知中的调查范围比较而明显得出结论，美国商务部将在初裁时明确作出是否对某些产品排除或不排除的裁决。尽管美国商务部鼓励利害关系方就产品的涵盖范围提出评议，但许多情况下都会以缺乏充分的时间和证据为借口，拒绝在初裁时对产品实施排除或作出明确裁定。如成排码钉一案中，美国商务部借口没有充分的记录信息而在初裁时拒绝排除环形钉（包括 C 形环钉和 D 形环钉）。②

三、初裁后至终裁前

美国商务部一般会要求利害关系方在案情摘要或关于产品调查范围的评议中提出进一步的论证，为美国商务部在终裁时考虑是否对被

① 19. C. F. R. 351. 225（k）.

② See Department of Commerce, *Less-Than-Fair-Value and Countervailing Duty Investigations of Certain Collated Steel Staples from the People's Republic of China*: *Preliminary Scope Decision Memorandum*, dated November 4, 2019.

调查产品的范围进行重新裁定。如木制卧室家具一案,美国商务部在初裁中表示要将所有符合要求的评议汇总并于终裁时一并考虑。① 终裁时,美国商务部根据汇总的评议和各方在案情摘要中提供的论据作出了对某些木制卧室家具产品排除与否的裁定。② 在成排码钉一案中,美国商务部考虑了初裁后各方就产品调查范围进一步提交的评论,于终裁时决定把环形钉(包括C形环钉和D形环钉)明确排除出产品调查范围并在最后的反补贴命令中把这两类产品从命令范围内排除。③④

在某些特殊情况下,美国商务部可能会于初裁后终裁前专门对产品的调查范围进一步考察并作出一个关于产品调查范围的初步裁决。如手扶式割草机一案,考虑到产品调查范围与之前的小排量立轴发动机一案有所重叠,为了避免后来的调查与之前的命令不符以及双重救济,美国商务部发布了关于产品调查范围的初裁,将使用涉案小排量立轴发动机的手扶式割草机排除出手扶式割草机的调查范围。⑤

---

① *Notice of Preliminary Determination of Sales at Less Than Fair Value*: *Wooden Bedroom Furniture from the People's Republic of China*, 69 Federal Register 35318 (2004).

② *Final Determination of Sales at Less Than Fair Value*: *Wooden Bedroom Furniture from the People's Republic of China*, 69 Federal Register 67314 (2004).

③ See Department of Commerce, *Certain Collated Steel Staples from the People's Republic of China*: *Final Scope Decision Memorandum*, dated May 22, 2020.

④ *Certain Collated Steel Staples from the People's Republic of China*: *Countervailing Duty Order*, 85 Federal Register 43813 (2020).

⑤ See Department of Commerce, *Antidumping and Countervailing Duty Investigations of Lawn Mowers from the People's Republic of China and the Socialist Republic of Vietnam*: *Preliminary Scope Decision Memorandum*, dated December 22, 2020.

第二章　补贴的定义和种类

第一节　补贴的定义和可诉补贴项目的构成要件

一、补贴的定义

美国的法律将补贴定义为：[①]一国的权力机构向某家企业或某个产业，(1)提供财政资助；(2)提供了关税及贸易总协定(General Agreement on Tariffs and Trade，GATT)1994年第16条意义上的任何形式的收入或价格支持；(3)付款给一个资金运作机制来提供财政资助，或委托、指示私人机构提供财政资助，而提供这些资助通常情况下应由政府负责，并且此种做法同政府通常采用的方法并无实质区别；因上述资助或支持行为而授予一项利益。

二、可诉补贴的定义

美国法律规定只有当补贴具有专项性时，才是可诉补贴。[②]

---

① Tariff Act of 1930, SEC. 771(5) (B) (19 U.S.C. 1677).

② Tariff Act of 1930, SEC. 771(5) (A) (19 U.S.C. 1677).

三、可诉补贴项目的构成要件

根据上面的定义，可诉补贴项目的构成需要满足以下三个要件：[①]

(1)权力机构提供了财政资助；

(2)这些财政资助授予了利益；

(3)由此产生并提供的补贴具有专项性。

为了简明起见，我们用“财政资助”一词概括了补贴定义中三种提供财政资助的情况。有时人们说起来简单顺嘴就把这三个要件叫作资助、利益、专项性。以后我们会看到，上述三个要件中，第一个和第三个要件主要与权利机构有关，本质上是定性的。第二个要件既与权力机构有关又与企业有关，而且需要计算才能确定，本质上是定量的。美国商务部在反补贴调查中必须就每一项补贴指控都逐一根据三个要件进行分析才能作出裁定。下面我们介绍这些要件的具体内容和实际调查中美国商务部的一些惯常做法。[②]

第二节　什么是权力机构

一国的权力机构通常指的是出口国政府或出口国领土内的公共机构，即在反补贴的意义上政府与公共机构都视同为权力机构。[③] 出口国

---

① 三个要件的英文表述为：Section 771(5)(B) of the Act states that a subsidy shall be deemed to exist if: (1) there is a financial contribution by an "authority" or an "authority" entrusts or directs a private party to make a financial contribution to a person; (2) a benefit is thereby conferred. To be countervailable, the subsidy must also be specific within the meaning of section 771 (5A) of the Act.

② 美国法律还规定了某些不可诉的补贴类别，如针对满足一定条件的研发、劣势的落后不发达地区、现有设施对新环境的适应以及某些农产品的补贴，读者可参考 Tariff Act of 1930, SEC. 771(5B)。

③ Tariff Act of 1930, SEC. 771(5)(B)(19 U.S.C. 1677).

政府包括中央和地方政府,公共机构包括提供贷款的国有银行、信贷组织等。在涉及低于充分报酬(通常又称低价)提供货物或服务这一类补贴项目时,美国商务部不但已经将中国的国有企业生产供应商(精确的说应该是生产商)定性为公共机构,[①]而且在许多情况下,它还会利用其调查当局身份所特有的自由裁量权,根据既有事实进行不利推定,从而认定某些私有企业生产供应商为权力机构。铸铁污水管件一案中,美国商务部声称中国商务部没有按照美国商务部的问卷要求提供泫氏和崇商两家应诉企业的生铁、废钢铁和冶金焦生产供应商的详细信息,包括但不限于:公司注册信息、股东或股权结构、公司章程、公司内部规定、营业执照、经营许可、公司有关人员(如股东、董事会成员、高管、经理等)是否为政府官员或中共党员等,决定采用既有事实进行不利推断,把所有泫氏和崇商的生铁、废钢铁和冶金焦的生产供应商当作权力机构。[②]

第三节　财政资助的形式

首先我们注意到补贴的主要形式是权力机构提供的财政资助。美国法律列举了构成"财政资助"的四大类行为:[③](1)资金的直接转移,比如赠款、贷款以及股权注入,或潜在的资金或债务的直接转移,比如贷款担保;(2)放弃或不征收本来应该征收的税收,比如给与税收抵扣,或减免应税所得额;(3)提供除一般基础设施外的货物或服务;(4)购买

① See Department of Commerce, *An Analysis of Public Bodies in the People's Republic of China in Accordance with the WTO Appellate Body's Findings in WTO DS379*, dated May 18, 2012.

② See Department of Commerce, *Decision Memorandum for the Preliminary Affirmative Determination: Countervailing Duty Investigation of Cast Iron Soil Pipe Fittings from the People's Republic of China*, dated December 11, 2017.

③ Tariff Act of 1930, SEC. 771(5) (D) (19 U.S.C. 1677).

货物。

在涉及低价提供货物或服务这一类补贴项目时，近年来的调查实践表明，一旦美国商务部声称中国政府没有按照美国商务部的问卷要求提供应诉企业生产要素生产供应商的详细信息，它就会根据既有事实进行不利推定。例如，上面我们已经提到铸铁污水管件一案中，美国商务部不顾生产供应商大部分是私有企业的事实，认定他们作为权力机构供应了生铁、废钢铁和冶金焦等原材料，即向泫氏和崇商提供了所谓上述第三类的财政资助。

第四节　利益的授予或补贴利益

根据前面的定义，如果权力机构提供的财政资助没有授予利益，那么该项财政资助就不是严格意义上的补贴。财政资助授予利益有两个含义。首先，通俗地说，利益是指财政资助提供的好处，然而并不是所有的财政资助都一定能够提供好处。例如，有时为了得到一项财政资助可能要付出太多的时间和精力或支付的费用甚至大于资助的金额，这样的财政资助就不能授予利益。其次，只有当存在利益的接收者时，一项财政资助在通常情况下才会被确定是授予了利益。[①] 一般当一项财政资助提供了比资助接受者从市场上本该获得的条件更加优惠的某种条件时，无论是由此减少了支出还是增加了收入，该项资助才能授予一项利益。例如，在有政府资助的情况下，一家企业对使用资金、货物或享受服务支付的费用比起没有政府资助的情况要少，或者获得的收入更多，这样的政府资助就授予了一项利益。[②]

---

① Tariff Act of 1930, SEC. 771(5) (E) (19 U. S. C. 1677).

② 19 C. F. R. 351. 503 (b)(1).

因为授予了利益的财政资助才是符合法律定义的补贴,我们有时称这种财政资助授予的利益为“补贴利益”,有时干脆就简称为“补贴”。值得注意的是,补贴存在与否并不取决于补贴的接收者是公有还是私有,也不取决于补贴是直接还是间接提供于产品的制造、生产或出口。[①] 此外,补贴存在与否与补贴的作用和效果无关,不用确定补贴是否影响了企业的产品定价或产量,或改变了企业的行为方式。[②] 换句话说,补贴是否促使企业降低了出口产品的价格,或增加了出口产品的产量都不在考虑之中,获得补贴的企业由于业绩不好并不意味着就不存在补贴。最近出现的一个新情况是在针对非市场经济体的反倾销调查中,当采用生产要素的方法计算正常价值时,如果某生产要素是政府低价供应的并能够证明其导致了出口价格的降低,则该项补贴率将从加权平均倾销幅度中扣除。[③]

美国关税法列举了可以判定授予利益的四种主要情形:[④](1)股权注入:如果投资决定与股权注入所在国的私人投资者的通常做法(包括提供风险资本的做法)不一致;(2)贷款:如果接受贷款的公司支付使用贷款的费用不同于公司支付从市场上获得的可比商业贷款的使用费用;(3)贷款担保:如果获得担保的公司支付使用担保贷款的费用不同于公司支付使用无担保的可比商业贷款的费用;(4)提供货物或服务:以低于充分报酬(低价)提供货物或服务,以及以高于充分报酬(高价)采购货物。报酬充分性的确定应考虑在接受反补贴调查或复审的国家提供货物或服务或者采购货物的流行市场条件。流行市场条件包括价格、质量、可获得性、适销性、运输及其他购销条件。

---

① Tariff Act of 1930, SEC. 771(5) (C) (19 U. S. C. 1677).

② 19 C. F. R. 351. 503 (c).

③ 参见本书第九章的有关讨论。

④ Tariff Act of 1930, SEC. 771(5) (E) (19 U. S. C. 1677).

与前面提到的确定权力机构和提供财政资助一样，在近年来对提供货物或服务的调查实践中，一旦美国商务部声称中国政府没有按照美国商务部的问卷要求提供应诉企业生产要素生产供应商的详细信息，它就会根据既有事实进行不利推定，认定这些生产供应商作为权力机构提供了财政资助，并且授予了利益。至于是否存在补贴利益的接收者，且该接收者是否真正收到了补贴的利益，则是要根据应诉企业的具体情况和数据进行判定和计算。例如在关于出口买方信贷是否存在补贴的处理过程中，尽管中国出口商的美国客户都声明没有获得或接受中国进出口银行的信贷，但美国商务部仍以中国政府未能充分合作，中国进出口银行未能提供财务报表，以及无法进行核查等为理由，根据既有事实进行不利推定中国出口商的美国客户接受了出口买方信贷补贴。①

本节只是定性的说明什么是利益的授予，并未涉及如何定量确定这些补贴利益的金额。如何确定和计算补贴利益是反补贴调查中最重要、技术含量最高的环节，我们将在第三、四、五等章中专门讨论这一题目。

第五节　补贴的专向性

不是所有的补贴都是可诉补贴，只有专门针对某些特定企业或行业的补贴，即具有专项性的补贴才能成为可诉补贴，因此补贴的专向性

① See Department of Commerce, *Chlorinated Isocyanurates from the People's Republic of China: Final Results of Countervailing Duty Administrative Review*; 2017, 85 Federal Register 71312 (2020), and *accompanying Decision Memorandum at comments* 5 *and* 6. See also Department of Commerce, *Decision Memorandum for the Preliminary Affirmative Determination: Countervailing Duty Investigation of Certain Collated Steel Staples from the People's Republic of China*, dated November 4, 2019.

是反补贴调查中特别具有争议的实体问题。那么,哪些类型的补贴具有专项性呢?美国法律已经明确了出口国权力机构提供的出口补贴和进口替代补贴都是具有专向性的补贴。[①] 因此,根据可诉补贴的定义,所有的出口补贴和进口替代补贴都是可诉补贴。但出口国权力机构提供的国内补贴是否具有专项性则需要从几个方面进行所谓专向性测试,其中包括法律专向性、事实专向性、区域专向性等。美国法律特别澄清专向性测试中提到的某家企业或某个行业并不仅仅局限于出口国的某家企业或某个行业也包括这样的"一组企业或一组行业"。[②] 在确定一项补贴是否提供给这样的一组企业或一组行业时,美国商务部不需要确定这些有资格享受或已经实际上获得补贴的一组内的企业或一组内的行业之间是否存在共同特征。[③] 显然,法律的规定和美国商务部的实践都会很容易扩大专项性的范围。例如铸铁污水管件一案中,美国商务部竟然认为一组行业可以包含20至32个行业,[④]一项补贴在面对这么多行业时仍然可以是专项的。更有甚者,在扎带一案中美国商务部干脆把中国所有从事进出口货物贸易的公司看成一个企业群组,从而作出货币低估专项性的初步裁决。[⑤]

一、法律专向性

如果提供补贴的权力机构或其运作所依据的立法将补贴的获得明

---

① Tariff Act of 1930, SEC. 771(5A) (B), (C) (19 U. S. C. 1677).

② Tariff Act of 1930, SEC. 771(5A) (19 U. S. C. 1677).

③ 19 C. F. R 351. 502(b)

④ See Department of Commerce, *Decision Memorandum for the Preliminary Affirmative Determination: Countervailing Duty Investigation of Cast Iron Soil Pipe Fittings from the People's Republic of China*, dated December 11, 2017.

⑤ See Department of Commerce, *Twist Ties from the People's Republic of China: Preliminary Affirmative Countervailing Duty Determination and Alignment of Final Determination with Final Antidumping Duty Determination*, 85 Federal Register 77167 (2020), and *accompanying Preliminary Decision Memorandum (PDM)*, dated November 23, 2020.

确限制在某个企业或行业，则该项补贴就具有法律上的专向性。[①] 但是，如果权力机构或其运作所依据的立法制定了适用于获得一项补贴的资格和补贴额度的客观标准或条件：(1)该资格是自动可以获得的；(2)该资格的标准和条件得到严格遵守；(3)这些标准和条件必须在法律、法规或其他官方文件中明确说明，以便能够进行核实，则该项补贴不具有法律上的专向性。另外，"客观标准和条件"是指标准或条件为中性的，并不特别偏向于某家企业或某个行业。[②]

例如中国各级政府的政策文件明文规定给予国有企业、外商投资企业、高新技术企业等的补贴一般都具有法律专项性。

二、事实专向性

即使补贴项目不具有法律上的专向性，但如果它以仅有利于某些企业或产业的方式实施，那么该项补贴会被认为具有事实上的专向性，也属于可诉补贴。美国法律列出了下列构成事实专向性的若干因素：[③] (1)补贴实际获得者仅限于有限的某些企业或产业；(2)某家企业或某个产业是补贴的主要使用者；(3)某家企业或某个产业享受到不成比例的大量补贴；(4)提供补贴的权力机构在作出给予补贴的决定时，其行使决定权的方式表明某家企业或某个产业比其他企业或产业受到更优惠的待遇。

美国商务部在确定一项补贴是否具有事实专向性时，会依据上述因素的先后顺序进行审查。只要其中一个因素能够支持专向性裁决，那么就不再继续审查其他的因素。[④] 上述(1)和(2)两项是实践中美国

---

① Tariff Act of 1930, SEC. 771(5A) (D) (i) (19 U.S.C. 1677).

② Tariff Act of 1930, SEC. 771(5A) (D) (ii) (19 U.S.C. 1677).

③ Tariff Act of 1930, SEC. 771(5A) (D) (iii) (19 U.S.C. 1677).

④ 19 C.F.R. 351.502(a).

申诉方和美国商务部经常用来判定事实专向性的因素。

三、区域专向性

美国法律规定了“区域专向性测试”，[①]如果一项补贴仅限定于提供补贴的权力机构管辖下的某一指定地理区域内的某个企业或行业，则该项补贴是专项性的。按照该测试，东北老工业基地振兴规划、中西部发展规划等地区性发展规划下的一些优惠措施都可以认为具有区域专项性。

例如在铜版纸反补贴案中，[②]美国商务部裁定，金东纸业享受的凡位于海南经济开发区企业可就内销部分返还 25% 的增值税优惠具有区域专向性，其理由是该项目仅限于特定地区（海南经济开发区）的企业。一般而言，开发区和工业园等提供的优惠措施通常都会被认定为具有区域专项性，如塑料编织袋和成排码钉[③]等反补贴调查中的土地使用权。

四、给予国有企业补贴的专向性

为支持时任美国总统奥巴马的“国家出口振兴计划”，美国商务部于 2010 年 8 月 26 日宣布了旨在强化美国贸易救济法的《严格执行贸易法的一揽子措施》，具体包括 14 项对反倾销和反补贴贸易政策进行的重大调整。作为第一项措施，美国商务部在 2010 年 12 月发布编号为 10.1 的“给予国有企业补贴专向性”的政策公告，再次确认美国商务部

---

① Tariff Act of 1930, SEC. 771(5A) (D) (iv) (19 U.S.C. 1677).

② *Coated Free Sheet from the People's Republic of China*: *Amended Preliminary Affirmative Countervailing Duty Determination*, 72 Federal Register 17497 (2007).

③ See Department of Commerce, *Certain Collated Steel Staples from the People's Republic of China*: *Preliminary Affirmative Countervailing Duty Determination*, 84 Federal Register 61021 (2019), and *accompanying preliminary decision memorandum* (*PDM*).

通常情况下把国有企业看作是“一组”企业，并重申凡是给予国有企业的补贴都在法律上和事实上具有专向性。

五、根据“不利事实”推定的专向性

此外，美国商务部还可以根据既有事实进行不利推断来决定是否存在专向性。近年来的许多案例中，美国国内产业的申请方和美国商务部更偏爱利用补贴实际获得者限于有限的某些企业或产业的因素指控和推定事实专向性的存在。[①] 例如，上面提到的铸铁污水管件一案，美国商务部采用既有事实进行不利推断，不但把所有泫氏和崇商的生铁、废钢铁和冶金焦的生产供应商当作官方权力机构，认定他们由于供应这些原材料而提供了财政资助，因为低价供应了这些原材料而授予了补贴利益，[②]而且声称由于这些补贴仅仅向有限数量的企业或产业提供而进一步推定这些补贴是具有专项性的国内补贴。

六、不具有专向性的补贴

值得一提的是，美国商务部在其《美国商务部反倾销与反补贴条例》中明确提到不会将仅限于给予农业行业的国内补贴、仅限于给予中小企业的补贴以及救灾的补贴款项认定为事实上或法律上具有专向性。[③] 目前，我们还没有看到任何针对中国出口美国农产品发起的反补

---

① See Petitioners, *Certain Non-Refillable Steel Cylinders from the People's Republic of China-Petition for the Imposition of Antidumping and Countervailing Duties*, dated March 27, 2020. See also Department of Commerce, *Certain Walk-Behind Lawn Mowers and Parts Thereof from the People's Republic of China: Initiation of Countervailing Duty Investigation*, 85 Federal Register 37426 (2020), and *accompanying China CVD Initiation Checklists* (*CVD Checklist*).

② 这里根据“既有事实”进行不利推断低价供应原材料且授予了补贴利益是指美国商务部推定中国有关原材料市场存在扭曲性，因此国内的市场价格不能作为比较基准，必须采用外部基准计算从而得出的补贴利益，详见第五章的讨论。

③ 19 C. F. R. 351. 502 (e) (f)(g).

贴调查,但在已经发起的某些针对中国出口美国产品的反补贴调查中,国内地方政府专门向中小企业提供的补贴项目,如中小企业技术创新基金和中小企业市场开发基金等并未逃脱被调查的命运。①

第六节　补贴的种类

根据美国的法律法规,②可诉补贴主要分为三大类,包括几十种补贴项目。

一、出口补贴

出口补贴是一种根据出口业绩而给予的补贴,但它不必是将出口业绩作为给予补贴的唯一条件,只要求是众多条件中的一个。③ 出口补贴的形式一般主要是政府为出口提供的货物和服务比为内销提供的货物和服务更优惠,或生产出口产品被减免、缓交或返还的税费多于生产内销产品的相应税费。一些典型的出口补贴包括:④为出口支付的内陆运输费用低于为内销支付的相应费用;给予生产出口产品所需投入产品的价格优惠;产品出口被豁免或减免的间接税如增值税等(注意:增值税出口退税不属于出口补贴,因为目前还没有文件显示退税率超过征税率或实际正规操作中出现出口退税金额超过进项税额的情况);生产出口产品所需进口原材料被减免、豁免、缓征或返还的进口环节税费等;为出口提供的优惠贷款、出口卖方信贷(相当于中长

① See Department of Commerce, *Decision Memorandum for the Preliminary Affirmative Determination in the Countervailing Duty Investigation of Certain Non-Refillable Steel Cylinders from the People's Republic of China*, dated August 24, 2020.

② Tariff Act of 1930, SEC. 771(5A) (19 U. S. C. 1677) and 19 C. F. R. 351. 504 – 521.

③ Tariff Act of 1930, SEC. 771(5A) (B) (19 U. S. C. 1677).

④ 19 C. F. R. 351. 514 – 520.

期出口融资)、出口买方信贷(为出口产品的进口商提供的信贷)、出口信贷担保、出口保险等。出口补贴一般比较容易识别和确定。我们在本书第三章第二节介绍如何确定出口补贴利益的金额和获得利益的时间。

二、进口替代补贴

进口替代补贴①是指根据使用国产货物而非进口货物的情况提供的补贴。同出口补贴一样,进口替代补贴并不要求进口替代是唯一条件,只需是若干条件中的一个即可。例如,外商投资企业购买国产设备退返增值税即是一种进口替代补贴。

三、国内补贴

国内补贴②就是那些即不属于出口补贴也不属于进口替代补贴的所有其他补贴。前面提到,出口补贴与进口替代补贴已经被美国反补贴法律认定为具有专项性,因而自动成为可诉补贴。而国内补贴必须具有专向性才能成为可诉补贴,需要有一个认定过程。

下列常见的一些国内补贴在具备专向性时就会成为可诉性补贴:赠款或拨款;以优惠利率提供长期或短期贷款;提供贷款担保;不符合私人投资者通常做法的股权注入;债务免除;直接税或间接税的免除、减免或缓征;以低于充分报酬的价格供给货物或提供服务;免除公司应当承担义务的对其工人的资助等。③ 我们在本书第三章第一节介绍如何确定国内补贴利益的金额和获得利益的时间。

---

① Tariff Act of 1930, SEC. 771(5A) (C) (19 U.S.C. 1677).

② Tariff Act of 1930, SEC. 771(5A) (D) (19 U.S.C. 1677).

③ 19 C.F.R. 351.504 – 513.

四、各种具体补贴项目举例

美国商务部在实际的反补贴调查中不一定完全遵循上述三大类补贴的严格划分，通常会打破边界，将调查的补贴项目重新归类，一般涉及6～9类，30～40个调查项目。以下是美国商务部曾经和正在进行调查的一些名目繁多的补贴项目。

(一)优惠贷款、信贷、担保

1. 国有银行提供的优惠贷款；

2. 对有关行业的政府政策性贷款；

3. 为出口提供的优惠贷款；

4. 出口卖方信贷；

5. 出口买方信贷；

6. 出口信用保险；

7. 出口信贷担保；

8. 国有企业的债务免除；

9. 对国有企业的优惠贷款；

10. 特定区域开发政策的贷款和利率补贴(如东北振兴计划)。

(二)低价提供生产要素投入

1. 低价提供电力；

2. 低价出让土地使用权；

3. 低价供应原材料(盘条、锌块、原铝/粗铝、冷轧钢、热轧钢、橡胶)。

(三)政府拨款项目

1. 国家重点技术创新项目基金；

2. 国家重点技术项目资助；

3. 中小企业技术创新基金；

4. 中小企业市场开发基金；

5. 节能减排补助；

6. 对亏损国有企业的拨款；

7. 高新技术企业有关设备的财政拨款支持；

8. 出口奖励资助；

9. 中央和地方政府对支柱产业、名牌企业、国际顶级品牌的补贴拨款。

（四）所得税项目

1. 外商投资企业“两免三减半”所得税优惠；

2. 出口导向型外商投资企业的所得税优惠；

3. 外商投资企业用利润再投资于出口导向型企业所得税退税；

4. 鼓励类外商投资企业购买国产设备抵免所得税；

5. 特定区域内外商投资企业所得税优惠；

6. 高新技术外商投资企业的所得税优惠；

7. 技术密集型外商投资企业所得税优惠；

8. 外商投资企业研发投入的所得税抵免；

9. 外商投资的乡镇企业税收优惠政策；

10. 高新技术企业所得税减免；

11. 研发费用的所得税加计扣除；

12. 资源综合利用所得税优惠；

13. 购买特殊设备的所得税优惠。

（五）间接税和进口关税项目

1. 外商投资企业购买国产设备退返增值税；

2. 购买进口设备免征关税和增值税；

3. 鼓励类产业进口技术设备的增值税和关税免除；

4. 国内企业的进口设备增值税和关税免除；

5. 出口导向型企业的员工福利税收优惠；

6. 增值税出口退税的差别税率优惠；

7. 来料加工出口对进口来料的免征增值税和关税。

（六）地方补贴项目

1. 广东省出口开拓基金；

2. 浙江省和广东省企业出口利息补贴基金；

3. 浙江省技术创新基金；

4. 反倾销应诉法律费用支持（如深圳市、浙江省）；

5. 地方实施五年计划优惠贷款（如辽宁省）；

6. 生产性外资企业地方所得税的减免。

（七）原材料出口限制政策

1. 盘条；

2. 热轧钢材；

3. 废钢废铁。

第三章　补贴利益的确定

上一章提到，如何确定财政资助授予的利益或补贴利益，本质上是定性更是定量的问题，因而也是反补贴调查中最重要、技术含量最高的环节。确定补贴利益包含两方面内容，一是计算企业获得的各项补贴利益的金额；二是确定获得这些利益的时间。笼统地讲，计算补贴利益的金额首先就是要找到补贴接受者获得的条件如何优惠于从市场上本该获得的条件，然后计算出这一差别的量化表达，即金额。补贴接受者获得利益的时间取决于补贴接受者实际获得或收到补贴的时间。这里有几点需要注意：(1)实际获得补贴的时间有时与导致补贴产生的时间不同，例如与所得税有关的补贴一般与上一年的运营有关；(2)补贴批准的时间有时与补贴发放的时间不同，例如在调查或复审期之前对某些机器、设备等固定资产的补贴，发放的时间可能会晚于批准的时间若干年或在批准之后分若干年分期发放；(3)贷款合同签订的时间与收到贷款并入账的时间不同，或收到贷款并入账的时间与开始偿还利息的时间不同等。另外，补贴利益的确定与补贴利益的分摊是两个不同的概念，因此获得利益的时间与分摊利益的时间也不尽相同。上述所有这些时间上的差别都可能会影响实际补贴利益金额的确定或补贴利益的分摊与补贴率的计算结果，我们在第六章会进一步说明什么是补贴利益的分摊，其中的一些计算实例也顺带演示了实践中时间差的发生对补贴率的影响。

我们在本章主要针对常见的一些补贴形式介绍如何计算这些补贴利益的金额和确定获得补贴利益的时间,凡是在以下各节中没有提到的补贴形式应按照有关的法律法规根据具体项目的特点确定。另外,自从2006年美国对中国发起并采取了临时反补贴措施的首例反补贴调查铜版纸一案①以来,在如何确定贷款的补贴利益和如何确定低价提供生产要素(原材料、电力、土地使用权)的补贴利益这两方面,第三方信息(有时又称外部比较基准)的采用一直是导致中国企业在这两类补贴项目中所获得的补贴率偏高的主要原因。鉴于确定贷款的补贴利益与确定低价提供生产要素的补贴利益有其特殊性,尤其是决定和寻求贷款基准利率与生产要素外部基准价格的复杂性,我们有必要专门进行讨论。本书第四章详细介绍和深入探讨有关如何确定贷款的补贴利益和贷款外部基准利率的问题,第五章详细介绍和深入探讨有关如何确定低价提供生产要素的补贴利益以及如何确定外部比较基准价格的问题。

第一节 如何确定国内补贴利益的金额与接受补贴的时间

一、赠款或拨款

当一项补贴是赠款或拨款时,②补贴利益就是赠款或拨款的金额。例如:国家重点技术创新项目基金、对亏损国有企业的拨款、高新技术

---

① *Notice of Initiation of Countervailing Duty Investigations*: *Coated Free Sheet Paper from the People's Republic of China*, *Indonesia and the Republic of Korea*, 71 Federal Register 68546 (2006).

② 19 C. F. R. 351. 504.

企业有关设备的财政拨款支持、节能减排奖励基金、财政局对本地优秀企业的奖励等。通常公司收到赠款或拨款的日期就是其获得利益的时间。

二、贷款

政府贷款的补贴利益金额就是公司支付政府贷款的金额低于公司支付可实际从市场上获得的可比商业贷款的金额的差额部分,[①]这里支付贷款的金额指的是支付贷款的利息而不是本金。

对于短期贷款、长期固定利率贷款和长期浮动利率贷款,通常贷款补贴利益获得或利益授予的时间就是公司本来必须支付可比商业贷款的时间。如果政府提供的长期固定利率贷款与可比商业贷款有不同的还款期时,则将公司收到贷款净额的时间作为补贴利益获得的时间。[②]当采用外部基准利率时,实际上都是将支付政府贷款利息的时间作为补贴利益授予的时间。我们将在第四章详细讨论如何确定贷款的补贴利益和贷款的外部基准利率。

三、贷款担保

贷款担保的补贴利益是公司支付获得政府担保贷款的总金额少于公司支付在没有政府担保下从市场上能实际获得的可比商业贷款的总金额之差额,其中包括了担保费之差。[③] 同样,这里的支付政府担保贷款金额指的是支付贷款利息而不是本金。此处从市场上能实际获得的可比商业贷款与贷款一节的定义相同,各种利率基准的选择和获得补

---

① Tariff Act of 1930, SEC. 771(5) (E) (ii) (19 U.S.C. 1677).

② 19 C.F.R. 351.505 (b).

③ Tariff Act of 1930, SEC. 771(5) (E) (iii) (19 U.S.C. 1677).

贴利益的时间确定也与贷款完全相同。[1]

四、股权注入或投股

一般地，当政府提供股权注入时，如果政府的投资决定与股权注入国家的私人投资者通常的投资做法（包括风险投资）不一致，补贴利益就是政府投资多支付的金额。[2] 显然，这里与政府投资行为的比较标准是私人投资者或风险投资的通常做法。具体而言，就是要找到私人投资者购买某家公司股票所支付的价格与政府投股时支付的价格进行比较。如果存在私人投资者的价格，[3]情况相对比较简单。如果不存在私人投资者的价格，[4]还要考虑被注入股权的公司是否值得投股。

（一）存在私人投资者价格

如果政府对公司新发行股票支付的价格高于私人投资者为同期相同的新发行股票支付的价格，那么将认为政府的股权注入与通常的投资做法不一致，二者的价格之差就是补贴利益的金额。如果同期没有相同的新发行股票，也可采用相似的股票但要对价格做适当的调整以反映股票形式的差别。一旦美国商务部认为私人投资者购买新发行股票的数量不大，那么将不使用私人投资者的价格。

（二）不存在私人投资者价格

如果无法获得实际私人投资者的价格，那么美国商务部将首先确

---

① 19 C. F. R. 351. 506 (b).
② 19 C. F. R. 351. 507 (a) (1).
③ 19 C. F. R. 351. 507 (a) (2).
④ 19 C. F. R. 351. 507 (a) (3).

定政府资助的公司在政府投股时该公司是否适于投股,[1]然后决定采用何种方法计算补贴利益。

1. 适于投股的方法

如果在政府投股行为发生时,从一个理性的私人投资者审查公司时的角度看,该公司显示出在一个合理的时期内能够产生一个合理的回报率,那么该公司就被认为是适于投股的。美国商务部将可能在适当情形下重点对项目而不是公司整体的适于投股性进行分析。在确定适于投股性时,除了考虑其他因素外,将审查下列因素:(1)对接受投股的公司或项目未来财务展望进行客观分析,特别是由市场研究、经济预测、在所涉及的政府投股之前准备的项目或贷款评估等中反映的情况;(2)接受投股公司过去和现在的财务健康状况,这主要反映在从公司财务报表和账目计算出来的各项财务指标,适当情况下要对这些指标进行调整以符合通行的会计准则(General Accepted Accounting Principle, GAAP);(3)政府投股之前三年的股权回报率;(4)私人投资者在公司的股权投资情况。

此外,为得出是否适于投股的裁决,美国商务部会要求应诉企业提供那些在政府投股之前完成的并且政府据之作出投股决定的信息和分析。如果缺乏或没有提供客观分析报告,其中包含潜在私人投资者考虑股权投资时通常要审查的信息,那么美国商务部通常将认为公司得到的股权注入提供了可诉性补贴利益。如果上述缺乏客观分析报告的做法符合所涉及国家理性私人投资者的通常做法,那么美国商务部不必裁定公司获得的股权注入提供了可诉性补贴。

如果确定某个项目或公司为适于投股的,那么美国商务部将审查购买股权的条款和性质,以确定该投资是否同私人投资者的通常做法

① 19 C. F. R. 351.507 (a) (4).

还有什么其他的不一致。如果不存在不一致性,则也就没有所谓的补贴利益。如果存在不一致性,那么将根据个案确定授予利益的金额。[①]

2. 不适于投股的方法

如果美国商务部裁定某个公司或项目不适于投股,这就同时意味着政府的投资决定与私人投资者通常的投资做法不一致,那么授予该公司的利益金额就是政府股权注入的金额。[②]

(三)股权注入补贴利益时间的确定

通常公司收到政府股权注入的时间就是补贴利益获得的时间。[③]

五、债务免除

当政府承担或免除公司债务时,补贴利益就是政府已承担或已免除的企业债务本金或本金加利息(包括计提、未付的利息)的金额。如果承担或免除公司债务的机构以获得公司股票作为减免公司债务的回报时(我们通常称为“债转股”),这些股票将被视为政府的股权注入,按照投股的方法计算补贴利益金额。[④] 政府承担或免除公司债务的时间就是补贴利益获得的时间。[⑤]

六、直接税

直接税是指税负不能转嫁,而由纳税人直接负担的税收。一般是指所得税,包括对工资、利润、利息、租金、专利权使用费以及其他形式

① 19 C. F. R. 351. 507 (a) (5).
② 19 C. F. R. 351. 507 (a) (6).
③ 19 C. F. R. 351. 507 (b).
④ 19 C. F. R. 351. 508 (a).
⑤ 19 C. F. R. 351. 508 (b).

的收入征收的税，对不动产所有权征收的税（土地使用税、房产税）等。

（一）补贴利益金额的确定

当某个补贴项目是全部或部分免除或减免直接税（如所得税），或降低计算直接税的税基时，补贴利益就是公司支付的税额低于没有该项补贴时公司本应支付的税额。①

当某个补贴项目是提供直接税缓征的，补贴利益金额就是缓征的直接税的适当利息。通常将直接税的缓征看作政府提供了本金为被缓征的直接税额的一种无息贷款。如果直接税被缓征了一年或不足一年，那么将使用短期贷款利率作为基准；如果直接税被缓征了超过了一年，那么将使用长期贷款利率作为基准。②

（二）获得补贴利益时间的确定

如果某个补贴项目涉及全部或部分免除或减免直接税，通常获得补贴的公司原本必须支付与免除或减免相关的直接税的时间就是其获得补贴的时间。一般情况下，该日期就是公司提交直接税退税申报表的日期，③在中国就是企业所得税汇算清缴的时间。于是一项有关直接税（所得税）的补贴实际是公司提交直接税退税申报表前一年的经营造成的。

当直接税的缓征期为一年或不足一年时，一般情况下将应当支付被延缓税额的到期日看作获得补贴的时间；当直接税的缓征期超过了一年，一般情况下将缓征的周年日看作是获得补贴的日期。④

① 19 C. F. R. 351. 509 (a) (1).
② 19 C. F. R. 351. 509 (a) (2).
③ 19 C. F. R. 351. 509 (b) (1).
④ 19 C. F. R. 351. 509 (b) (2).

七、间接税与进口费用

间接税是指在生产、流通等环节中征收的流转中间税。一般包括销售税、消费税、营业税、增值税、特许税、印花税、转让税、存货税、设备税、边境税,或除直接税和进口费用以外的所有税项。进口费用是指对进口产品征收的关税以及其他形式的财政收费,不包括间接税。

(一)补贴利益金额的确定

当某个补贴项目(不包括出口补贴项目)是全部或部分免除或减免间接税或进口费用时,补贴利益金额就是因该补贴项目而使公司支付的税额低于没有该项补贴时公司本应支付的税额的部分。[①]

当某个补贴项目是提供间接税或进口费用缓征的,补贴利益金额就是缓征的税额或费用的适当利息。通常将间接税或进口费用的缓征看作是政府提供了本金为被缓征税额的一种无息贷款。如果间接税或进口费用被缓征了一年或不足一年,那么将使用短期贷款利率作为基准;如果被缓征了超过了一年,那么将使用长期贷款利率作为基准。[②]

(二)获得补贴利益时间的确定

如果某个补贴项目涉及全部或部分免除或减免间接税或进口费用,通常获得补贴的公司原本必须支付与免除或减免相关的间接税或进口费用的时间就是其获得补贴的时间。[③]

---

① 19 C.F.R. 351.510 (a) (1).

② 19 C.F.R. 351.510 (a) (2).

③ 19 C.F.R. 351.510 (b) (1).

当间接税或进口费用的缓征期为一年或不足一年时，一般情况下将应当支付被延缓税额或费用的日期看作获得补贴的时间；当间接税或进口费用的缓征期超过了一年，一般情况下将缓征的周年日看作是获得补贴的日期。[①]

八、低于适当报酬供应货物或提供服务

当政府机构以低于适当报酬的价格供应货物或提供服务时，补贴利益金额就是所提供货物或服务低于适当报酬的幅度。[②] 公司为政府提供的货物或服务付款之日，或在还未付款时，应当为政府提供的货物或服务付款的日期就是获得补贴利益的时间。[③] 当采用外部比较基准价格时，实际上都是将公司收到供应商开出的增值税发票的日期作为利益授予的时间。我们将在第五章详细讨论如何确定低价提供生产要素的补贴利益和外部比较基准的价格。

九、与员工有关的补贴

当某个补贴项目是为员工提供资助，补贴利益金额就是该项资助免除公司本该承担义务的金额，例如像地方政府给予企业的社保失业险补助[④]等。接受资助（如收到资助支付金额）的时间就是补贴利益获得的时间。政府为鼓励企业雇佣残疾人而给与的税收减免或其他补贴不具有专项性，因而不应算作对员工的补贴。

---

① 19 C. F. R. 351.510 (b) (2).

② 19 C. F. R. 351.511 (a) (1).

③ 19 C. F. R. 351.511 (b).

④ See Department of Commerce, *Decision Memorandum for the Preliminary Affirmative Determination in the Countervailing Duty Investigation of Certain Non-Refillable Steel Cylinders from the People's Republic of China*, dated August 24, 2020.

第二节 如何确定出口补贴利益的金额与接受补贴的时间

根据法律法规，一项补贴被认定为出口补贴一般要求获得补贴的资格、批准条件和补贴额的大小要与企业的出口业绩挂钩，如果给予补贴还有其他要求，出口业绩只须是其中之一即可。① 另外，如果政府的出口促进行动仅仅涉及一般的与出口信息有关的活动如出口信息的收集和交流而并不是对某种产品的促销，则这样的出口促进行动并不授予补贴利益。② 美国商务部在实践中基本上不分青红皂白，凡带有出口两字的补贴或是商务局（以前也叫外贸局）提供的补助全部按出口补贴处理。

我们在这一节将出口补贴归纳为三大类。第一类是政府直接给出口企业赠款或奖金以支持其出口创汇行为。第二类是政府以信贷的形式支持出口如专门为某些出口企业或行业设立的政策性贷款、出口卖方信贷或出口买方信贷等。第三类主要是政府为出口提供的货物和服务比为内销提供的货物和服务更优惠，或生产出口产品被减免、缓征或返还的税费多于生产内销产品的相应税费。以下就一些典型的出口补贴项目，分别介绍确定补贴利益的规定。

一、出口赠款或奖金

这一类补贴与普通的拨款相似，补贴利益获得的金额和时间均按照拨款或赠款的方式决定。实践中，常见的补贴项目包括各省、市、县

① 19 C. F. R. 351. 514 (a).
② 19 C. F. R. 351. 514 (b).

财政或商务厅、局给企业的出口补贴拨款或奖励,各种出口补助奖金,购买出口信用保险奖励等。虽然根据法规本来一些与促进出口活动一般信息有关的补贴可以排除,但实际中很难分清什么是一般信息,所以都归到这一类出口补贴当中了。例如,与广交会摊位有关的补贴和赴境外展示产品的补贴等,似乎都属于促进出口活动,但又都的确与特定的产品无关。

二、出口信贷支持

出口信贷支持包括提供优惠利率的出口政策性贷款、出口卖方信贷(相当于中长期出口融资)和出口买方信贷(为出口产品的进口商提供的信贷)、出口信贷担保等。这一类补贴与普通的贷款和贷款担保相似,补贴利益获得的金额和时间均按照贷款和贷款担保的方式决定,主要是计算贷款或信贷的利息支出与根据贷款基准利率得出的利息进行比较产生的补贴利益。实践中,这一类补贴主要由中国进出口银行提供。

三、出口货物的国内货运费用

这种形式的补贴利益金额就是企业为有关出口货物支付的货运费用低于企业为可能于国内消费货物支付的货运费用之差额。[①] 但是,如果收费的差异是货运公司与用户之间正常交易的结果,或收费差异在商业上是合理的,那么就不存在补贴利益。[②] 企业支付国内货运费用之日,或在还未付款时应当支付费用的日期就是获得补贴利益的时间,[③]

---

① 19 C.F.R. 351.515 (a) (1).
② 19 C.F.R. 351.515 (a) (2).
③ 19 C.F.R. 351.515 (b).

实践中就是货运公司开给企业的增值税发票日期。

四、生产出口货物中投入产品或服务的价格优惠

政府或其代理机构直接或间接通过政府授权的方案为企业提供在生产出口货物中使用的产品(可以是进口的或国产的)或服务,如果提供产品或服务的条款或条件优于为生产供国内消费货物提供的相同或直接可竞争产品或服务所适用的条款或条件,则存在补贴利益。如果仅就产品而言,此类条款或条件没有优于其出口商在国际市场中商业上可获得的条款或条件,则不存在补贴利益。[①] "商业上可获得"这一用语的含义是指在选择国内产品和进口产品方面无限制,仅取决于商业上的考虑。[②]

关于产品,实践中主要指的是生产出口货物时投入的原材料。此时补贴利益的确定就是比较在生产出口货物中使用投入产品的价格与商业上可获得的国际市场中该产品的价格,还要加上运费、保险、进口环节的税费,即最后形成所谓的到厂价,两种价格的差就是补贴利益的金额。[③] 关于服务,补贴利益的金额就是公司支付为生产出口货物提供的服务少于支付为生产内销货物的同类服务的差额。

公司为政府提供的货物或服务付款之日,或在还未付款时应当为政府提供的货物或服务付款的日期就是获得补贴利益的时间。[④] 同样,实践中就是企业收到的增值税发票日期。

---

① 19 C. F. R. 351. 516 (a) (1).
② 19 C. F. R. 351. 516 (a) (3).
③ 19 C. F. R. 351. 516 (a) (2).
④ 19 C. F. R. 351. 516 (b).

五、出口保险

出口保险包括但不限于由于灾难或事故造成的货物损失或延迟到货、对出口产品成本上升、客户不付款、通胀、汇率等风险的保险,例如我们经常遇到的出口货物保险、出口信用保险和出口信贷保险。如果出口保险保费费率不足以负担保险计划的长期运营成本和保险计划的亏损,那么就存在补贴利益。① 公司支付的保费与公司在调查或复审期内依据保险计划获得保险付款之间的差额就是补贴利益的金额,而不是公司支付的保费与为弥补保险项目成本而本应支付的保费之间的差额。换句话说就是,如果公司没有获得保险赔款或获得的赔款少于支付的保费,则不存在补贴利益。② 获得补贴利益的时间就是上述差额所发生的时间。③

六、其他出口补贴

其他形式的出口补贴主要指实践中较少遇见,但美国商务部在其反补贴条例中列举的一些出口补贴。例如,生产的产品在出口时被豁免或减免的间接税,④生产出口产品的原材料被减免、豁免、缓征的前期累计的间接税,⑤生产出口产品所需进口原材料被减免或返还、豁免、缓征的进口环节税费⑥(这些情况一般可能在来料加工或进料加工中出现)。这些补贴利益的确定一般要不就是对出口产品间接税的豁免或减免超过了对在国内销售的相同产品生产及分销过程中征收的间接税

① 19 C.F.R. 351.520 (a) (1).
② 19 C.F.R. 351.520 (a) (2).
③ 19 C.F.R. 351.520 (b).
④ 19 C.F.R. 351.517.
⑤ 19 C.F.R. 351.518.
⑥ 19 C.F.R. 351.519.

额度,要不就是生产出口产品的投入原材料被减免或返还、豁免、缓征的前期累计间接税或进口环节税费超过了应该或实际发生的额度或者扩展到非出口产品使用的部分。

最后,读者如果在实际案件中遇到这里没有提到的任何其他补贴形式则须按照有关的法律法规,根据具体项目的特点并参照这里介绍的补贴类型确定补贴利益的金额与获得利益的时间。

第四章　贷款的补贴利益

我们已经从第三章的讨论知道政府贷款的补贴利益金额就是公司支付政府贷款的金额低于公司支付可实际从市场上获得的可比商业贷款的金额的差额部分,①并且支付贷款的金额并不是贷款本金而是指支付贷款的利息,即使用贷款的成本。按照美国商务部一直以来的反补贴调查实践,政府贷款不仅包括企业从国有银行获得的贷款,甚至包括企业从中国境内所有银行(如民营银行或外资银行等)获得的贷款。除了传统意义上的贷款,贷款类型还包括所有形式的融资行为(如银行票据的利息费用、发票贴现以及应收账款售让或贴现等)。我们在第二节阐述为什么美国商务部认为中国境内所有银行的运行都受到政府的干涉和控制,因此不存在可实际从市场上获得的可比商业贷款,也不存在可以采用的全国平均利率,因而一律采用外部基准利率来计算应诉企业本来应该支付的利息。一些典型的政府贷款补贴项目包括:国有银行提供的优惠贷款、政府政策性贷款项目、对特定产业的优惠贷款、对出口企业的优惠贷款、对国有企业的优惠贷款、特定区域开发政策的贷款和利率补贴(如东北振兴计划)等。

① Tariff Act of 1930, SEC. 771(5) (E) (ii) (19 U. S. C. 1677).

第一节 贷款基准利率和补贴利益的确定

因为政府贷款的补贴利益金额是支付政府贷款利息少于支付另外一个可实际从市场上获得的可比商业贷款利息的差额,①所以需要有与政府贷款的利率进行比较的对象或者说一个可以比较的基准。找到这个基准利率之后,通常采用实际利率(名义利率减去通胀率)②进行比较。具体而言,就是用政府贷款的利率和基准利率分别乘以贷款余额的本金计算出不同利率下支付贷款利息的差额。美国商务部反补贴条例和反补贴调查的实践按照先后顺序规定了确定政府贷款补贴金额的三个基准利率:能够实际从市场上获得的可比商业贷款利率、全国平均利率和外部利率。我们在这里提醒读者:贷款补贴利益的确定是所有补贴项目中确定补贴利益最复杂的内容之一,有可能的话,掌握一定的金融和财务管理方面的知识对这部分内容的理解将会非常有帮助。

一、能够实际在市场上获得的可比商业贷款的利率

1. 可比贷款

在选择一笔同政府贷款"可比的"(comparable)贷款时,③美国商务部通常主要考虑贷款结构(固定利率还是浮动利率)、贷款期限(短期贷款还是长期贷款④)、贷款币种等两种贷款之间的相似性。短期贷款一

① 19 C.F.R. 351.505(a)(1).

② 美国商务部之前(参见本书第十章关于复合编织袋和钢绞线的案例)是将企业与金融机构的贷款合同利率作为名义利率,减去中国的通胀率后与不含通胀的外部实际基准利率进行比较,现在(参见本书第十章关于三氯异氰尿酸和铸铁污水管件的案例)改为将外部实际基准利率加上中国的通胀率作为比较标准(通胀调整后的名义基准利率),而不再调整贷款合同的利率。

③ 19 C.F.R. 351.505(a)(2)(i).

④ 长期贷款一般是指还款期限一年以上的贷款。

般都是固定利率,长期贷款既有固定利率也有浮动利率。

2. 商业贷款

在选择"商业"(commercial)贷款时,①美国商务部通常会使用公司从商业放贷机构(如私有银行、私营信贷合作社、外资银行等)获得的贷款,或公司在债券市场上发行的债券。除非有证据证明国有银行没有根据商业条件或按照政府的指令提供贷款,否则美国商务部也会将从国有银行获得的贷款看作是商业贷款,但不会把基于政府项目提供的贷款或政府政策银行提供的贷款看作是商业贷款。实践中,美国商务部一直认为存在大量证据证明中国的国有银行不是根据商业条件而是按照政府的指令或依据政府项目提供贷款,所以从来没有美国商务部将从国有银行获得的贷款看作是商业贷款的先例。

3. 可实际从市场上获得的商业贷款

在选择"可实际从市场上获得的"(could actually obtain on the market)可比商业贷款时,通常将依据相关公司获取短期或长期贷款的实际经历确定,②使用公司报告的可比商业贷款作为基准与政府贷款比较来计算补贴利益金额。

4. 基准利率的确定

当政府提供的贷款为短期贷款时,通常使用政府贷款发放或贷款合同签订当年的每一笔可比商业贷款按本金的年加权平均利率作为基准利率。③

---

① 19 C.F.R. 351.505(a)(2)(ii).

② 19 C.F.R. 351.505(a) (3) (i).

③ 读者这里可以对比一下反倾销调查中计算倾销幅度的单笔销售对比加权平均正常价值的方法。这种确定贷款补贴利益的方法也是将单笔贷款的利率与年平均利率进行比较(包括采用全国平均利率和外部基准利率),所以也存在所谓的归零问题,即当合同贷款利率高于基准利率时,这些所谓的"负补贴额"实行归零,而不能用于抵消那些由于合同贷款利率低于基准利率所产生的真实补贴。在计算原材料和电的补贴时也会出现类似的情况,读者在本书第六章的补贴率计算实例中将会看到这种比较和归零的结果。此外,我们还会将这一问题列入本书第九章关于美国商务部对华反补贴调查现状的内容之一。

但是,如果调查或复审期内利率变动很大,那么将根据情况使用最恰当利率。[①] 如果政府贷款为长期固定利率贷款,那么将选用政府贷款条件确定并签订贷款合同当年或之前一年的长期商业贷款作为可比贷款,[②] 并将其利率作为基准利率。

二、全国平均利率

如果公司在政府贷款发放或条件确定期间没有举借任何短期或长期可比商业贷款,那么将使用可比商业贷款的全国平均利率作为基准利率。[③]

三、外部信息决定的利率

美国商务部认为,可实际从市场上获得的可比商业贷款决定了该基准应当是一个市场确定的利率(market-based rate)。美国商务部对中国银行业存有偏见,认为不但国有银行提供的贷款不能作为基准,就是应诉企业从私营银行或外资银行获得的贷款都不适合作为基准。同样,也不能使用可比商业贷款的全国平均利率作为基准。所以从 2006 年第一例针对中国的反补贴调查以来,美国商务部一直主张采用外部市场决定的基准利率。然而,由于并不存在一个对应人民币的外部市场,所以对人民币贷款实际采用的是其他外部信息决定的基准利率。与前两个基准不同,这样决定的外部基准利率不是法律和法规指定的比较标准,而是由美国商务部自己在其反补贴调查的实践中建立的。我们将在第三节专门讨论外部基准利率是如何确定的。

---

① 19 C. F. R. 351. 505(a) (2) (iv).
② 19 C. F. R. 351. 505(a) (2) (iii).
③ 19 C. F. R. 351. 505(a) (3) (ii).

第二节 使用外部基准利率的原因

美国商务部实践中几乎是完全采用了第三个基准,即外部信息或外部市场(视贷款货币为人民币还是外币)决定的基准利率。为什么不使用中国市场的贷款利率作为基准?美国商务部最初在2006年发起的铜版纸一案中①做出了解释,随后又在2017年7月21日的一份分析备忘录中对中国的金融系统进行了重新评估,②再一次解释了不使用中国市场的贷款利率作为基准的理由。

在2007年铜版纸一案的终裁中,美国商务部指出:中国政府在银行部门,特别是通过高度的国有控制(在中央和地方一级),扮演了重要的国家角色;中国人民银行缺乏政策独立性(中国人民银行在国务院指导下运作,对于重大决策需要提交并获得批准);中国对零售存贷款利率进行严格监管以及对银行利率管制产生的所有人民币贷款的最低利率上浮。这种国家在银行业中的作用(无论直接和间接)都扭曲了市场,导致无法在中国找到由市场决定的利率。另外,在当年进行评估时,美国商务部认为中国的金融部门是银行主导的,同业和债券市场尚未发展到足以用于进行分析的地步,所以当时美国商务部仅限于分析正式的银行业和银行的存贷款利率。

然而在2017年对中国金融系统的评估中,美国商务部扩大了分析范围,包括银行间市场,债券市场和“影子银行”,以及相应的利率和收益率。

---

① See Department of Commerce, *Issues and Memorandum for the Final Determination in the Countervailing Duty Investigation of Coated Free Sheet from PRC*, dated October 17, 2007, at comment 10.

② See Department of Commerce, *Memorandum*, "*Placing Information on Record*", dated October 31, 2017, at Attachments 1 and 2.

鉴于最近在正式银行部门之外的市场和融资渠道的增长和发展,以及市场复杂性和市场间连通性的增加,美国商务部认为这种扩大是适当的。

美国商务部的分析报告指出中国的金融系统存在扭曲,这些扭曲与国家所有权和控制以及国家在中国金融体系中普遍存在的侵入性作用直接相关。虽然国家所有权本身并不一定意味着利率从根本上扭曲或不由市场决定,但国家在中国市场的作用远不仅仅是国家所有权。例如国家明确提出的目标是保持国有部门在中国经济,特别是金融部门的领导作用。再比如国家将中央和地方政府的国有银行视为重要的政府政策工具,就像它将国有企业视为国家工业政策的工具(和对象)一样。正如中国政府本身所承认的那样,全额名义利率自由化是实现由市场决定利率的重要步骤,但仅仅只是一步。过去的习惯和长期的借贷行为很难改变,特别是面对政府和市场在中国金融体系中各自角色的混合信号。

美国商务部的分析报告进一步认为,中国金融系统的扭曲妨碍了使用中国境内的利率作为进行反补贴调查的贷款基准利率和贴现率。特别是,尽管政府在 2015 年年底名义上取消了对贷款和存款利率的最后控制权,但软预算约束、非全额定价和政府政策指令从根本上扭曲了市场的风险定价和资源分配的立场。此外,利率动态分析表明利率尚未由市场决定。

美国商务部最后得出结论,在中国仍以银行为主导的金融体系中,国家(中央和地方政府)对大部分银行业资产保持并行使有效控制。此外,国家还没有解决经济战略中的固有冲突,这种冲突体现在:(1)国家继续将银行作为政府政策工具来追求产业政策和社会福利目标;(2)国家寻求市场在资源配置中发挥决定性作用。这几乎肯定不能兼而有之,但现在看来无法在两者之间作出选择。因此,中国的金融部门仍然受到严重扭曲,导致中国境内的利率不能用于反补贴调查的贷款基准利率和贴现率。

然而,美国商务部对于中国金融体系和商业银行运行活动的判断和认定是武断的、陈旧过时的。第一,中国人民银行(以下简称中国央行)与美国联邦储备银行(以下简称美联储)的地位与作用相同,都是相对独立的机构,主要负责货币发行,利用金融工具如存款准备金率、存贷款利率等对宏观经济进行调节,主要目的是抑制通胀和保就业。第二,人民币贷款利率已经由原来的央行法定基准贷款利率逐渐转为贷款市场报价利率(LPR)。这个报价利率完全是市场化的,由具有代表性的 18 家报价商业银行,根据每家对其最优质客户的贷款利率,以公开市场操作利率(主要是中期借贷便利利率 MLF)加点的方式,加权平均之后形成的报价利率。第三,中国已经取消了对商业银行的资本限制,更多的私人资本进入商业银行,如城市商业银行和农村合作银行的私有资本占有率分别达到了 55% 和 87% 。对外资银行的关于股东资产、股东类型、经营年限等方面的限制全部取消,使更多的国外金融机构在中国投资设立银行,极大地提升了银行业的开放程度。第四,国有银行并不构成反补贴意义上的“公共机构”。世贸组织上诉机构已经裁定除非有法律上明确规定的权力机构的委托,仅仅是形式上的联系或政府拥有较大的股份并不能断定一个实体具有政府的权力,也不能认为该实体被授予或委托了政府的权力。因此,国有银行与其他商业银行一样,既不是权力机构,当然更不是公共机构。第五,商业银行在某种程度上配合国家的产业政策也不能将其认定为公共机构。首先,产业政策是世界各国的普遍实践,各国政府和中央银行都会希望商业银行考虑国家的产业政策,根据宏观经济的趋势来评估商业银行的经营环境。美联储和欧洲银行都有类似的产业发展趋势报告和相应的指导政策。其次,产业政策不是强制性的而是建议性的,商业银行都有自主权来决定向何种企业贷款,以便控制风险和实现利润及股东利益的最大化。

第三节　如何计算外部基准利率

一、选用外部贷款利率作为基准的两个标准

1. 人均收入标准

第一个标准要求所选国家的人均收入与中国相当。不同于商品和货物贸易,贷款利率在世界范围内变化很大。但是,在收入水平和贷款利率之间存在反比关系,即人均国民收入低的国家的贷款利率高于人均国民收入高的国家的贷款利率。国际货币基金组织主办的刊物《国际金融统计》报告的世界各国的贷款利率也证明了这个事实。对上述现象,存在多种解释。高收入国家一般有实力更强的市场支撑的金融机构,从而可以降低与贷款相关的风险和交易成本;高收入国家更加稳定,制度的质量较高,从而具有较强的治理能力,拥有较高的信用等级,有助于达到规模经济。基于以上原因,美国商务部认为,将收入水平作为标准,选取外部利率用作基准利率是合适的。

2. 多国利率平均标准

第二个标准要求对多国的利率进行平均以避免扭曲。各个国家的中央银行有不同的货币政策以对付通货膨胀压力和就业,那么只依赖一个国家的利率就会在计算基准利率时出现扭曲。因此,若干国家的平均贷款利率是比较合适的贷款利率基准。世界上很多国家都向《国际金融统计》报告该国的可比贷款利率,为计算与中国收入水平相似国家的平均贷款利率提供了合适基础。①

---

① *Coated Free Sheet Paper from the People's Republic of China*: *Amended Preliminary Affirmative Duty Determination*, 72 FR 17489 (2007); See also Department of Commerce, *Issues and Decision Memorandum for the Final Affirmative Countervailing Duty Determination*: *Laminated Woven Sacks from the People's Republic of China*, dated June 16, 2008.

二、如何计算短期贷款的基准利率

1. 国家收入分类

美国商务部首先采用世界银行的国家分类，以确定哪些国家纳入计算平均贷款利率的范围。依据人均国民收入水平，世界银行将世界各国分成四类：低收入国家、中低收入国家、中高收入国家和高收入国家。中国2003～2009年属于中低收入国家，2010年之后属于中高收入国家。

2. 用最小二乘法对国家治理强度与实际利率进行线性回归

当国家收入分类完成后，美国商务部根据这些与中国同属一类的参照国家报告给《国际金融统计》的各年度短期名义贷款利率，减去该国当年的通胀率得出一个经过通胀调整的实际利率，再考虑国家的制度质量或治理强度，①然后采用最小二乘法归纳出一个以国家治理强度指标为自变量，以经过通胀调整的实际利率为因变量的线性回归方程。将中国的国家治理强度指标代入该方程便可得出一个适用于中国的不含通胀的短期实际利率。② 归纳计算中要排除美国商务部在反倾销中认定的非市场经济国家、没有向《国际金融统计》报告贷款利率的国家、贷款利率失常的国家。这个适用于中国的不含通胀的短期利率就是外部实际基准利率，再加上各年度中国的通胀率便得到各年度中国的短

---

① 国家的制度质量（the quality of a country's institutions）或国家的治理强度（the strength of a country's governance），由5项指标的平均值决定。这5项指标分别是：政治稳定性、政府效率、调控质量、法制程度、腐败控制。

② See Department of Commerce, *Issues and Decision Memorandum for the Final Affirmative Countervailing Duty Determination*: *Laminated Woven Sacks from the People's Republic of China*, dated June 16, 2008, and *accompanying Final calculation memo* (*proprietary document*); See also Department of Commerce, *Issues and Decision Memo for Final Determination of PC Strand*, dated May 14, 2010.

期贷款名义基准利率。[①] 将贷款合同签订或贷款发放当年的这个名义基准利率与应诉企业的合同贷款利率进行比较,其差额乘以调查期内尚未偿还贷款的本金就是所谓的短期贷款补贴利益。

3. 回归方程的缺陷

我们分析了美国商务部对2001~2018年的回归计算,发现尽管绝大多数回归直线的斜率为负,[②]即实际利率与国家治理强度之间呈现负相关(二者之间成反比关系:国家治理强度越高,实际利率越低),但所有相关系数(又称决定系数)的绝对值都远小于1.0,说明各年度的回归方程线性度很差,数学上不能证明存在美国商务部所断言的各国实际利率与国家治理强度之间的线性相关关系。[③] 一个比较可行的替代方法是以各参照国的总国民收入或国内生产总值(GDP)或总人口为权重,对实际利率进行加权平均得出不含通胀的短期实际利率,再加上中国的通胀率便得到短期贷款的名义基准利率。

4. 外币短期贷款基准利率的确定

上面计算短期贷款基准利率的方法仅仅针对人民币贷款。对于外币(美元、欧元、日元等)贷款,采用不同币种的一年期伦敦同业拆借利率(LIBOR),加上各币种一年期BB级债券与一年期伦敦同业拆借利率的差作为短期贷款利率。[④]

---

① See Department of Commerce, *Countervailing Duty Investigation of Chlorinated Isocyanurates from the People's Republic of China: Issues and Decision Memorandum for the Final Determination*, dated September 8, 2014; See also Department of Commerce, *Decision Memorandum for the Preliminary Affirmative Determination: Countervailing Duty Investigation of Cast Iron Soil Pipe Fittings from the People's Republic of China*, dated December 11, 2017.

② 2015年的回归方程斜率为正,不符合实际利率与国家治理强度成反比的结论。

③ 例如当给定显著性水平(信度)为$\alpha = 5\%$,参照国家数量为30时,相关系数的值最起码应为0.361,而该值最高的2002年仅为0.344。2004年、2011年、2012年、2015~2018年,这些年的相关系数连0.1都不到。

④ See Department of Commerce, *Issues and decision memo for final determination of PC Strand*, dated May 14, 2010.

三、如何计算长期贷款的基准利率

1. 人民币长期贷款基准利率的确定

《国际金融统计》上报告的贷款利率只是短期贷款的利率，没有可公开获得的长期贷款利率。为发现并计量长期贷款的补贴利益，美国商务部最早寻找一个长期贷款利率和短期贷款利率之间的提升比率，然后将这个比率乘以前面获得的短期贷款基准利率，得以计算出长期贷款基准利率。具体而言，美国商务部先是依据联邦储备报告的基于利率掉期（固定利率与浮动利率的交换）的一年期与五年期利率之比计算长期贷款的基准利率，后来在复合塑料编织袋①一案中改为采用彭博N年期BB级企业债券与一年期BB级企业债券的平均收益比率来计算N年长期贷款的基准利率。假如这个收益比率为120%，那么美国商务部将短期贷款基准利率提高20%得出长期贷款的基准利率。② 从柠檬酸盐一案中③开始，又改为将彭博N年期BB级企业债券与两年期BB级企业债券的平均收益差加到前面获得的短期贷款基准利率上，得出N年长期贷款的基准利率。④ 因为这样得出的长期贷款利率都是实

---

① See Department of Commerce, *Issues and Decision Memorandum for the Final Affirmative Countervailing Duty Determination*: *Laminated Woven Sacks from the People's Republic of China*, dated June 16, 2008, and *accompanying Final calculation memo* (*proprietary document*).

② Ibid.

③ *Citric Acid and Certain Citrate Salts from the People's Republic of China*: *Final Affirmative Countervailing Duty Determination*, 74 FR 16836 (2009), and *accompanying Issues and Decision Memorandum at Comment* 14.

④ See Department of Commerce, *issues and decision memo for final determination of PC Strand*, dated May 14, 2010; See also Department of Commerce, *Countervailing Duty Investigation of Chlorinated Isocyanurates from the People's Republic of China*: *Issues and Decision Memorandum for the Final Determination*, dated September 8, 2014; See also Department of Commerce, *Decision Memorandum for the Preliminary Affirmative Determination*: *Countervailing Duty Investigation of Cast Iron Soil Pipe Fittings from the People's Republic of China*, dated December 11, 2017.

际利率,所以还要加上适当的通胀率以便得到贷款合同签订或贷款发放当年的长期贷款名义基准利率。将这个名义基准利率与应诉企业的合同贷款利率进行比较,其差额乘以调查期内尚未偿还贷款的本金就是所谓的长期贷款补贴利益。

2. 外币长期贷款基准利率的确定

上面计算长期贷款基准利率的方法仅仅针对人民币贷款。对于外币(美元、欧元、日元等)贷款,采用不同币种的一年期伦敦同业拆借利率(LIBOR),加上各币种N年期BB级企业债券与一年期BB级企业债券的收益差作为长期贷款基准利率。①

四、如何计算贴现率

美国商务部将长期贷款利率作为贴现率,用于计算分摊到某年份的非重复补贴利益的金额。例如,在复合编织袋②一案中,美国商务部采用彭博30年BB级企业债券与一年期BB级企业债券的收益比率来计算30年以上的长期贷款基准利率,并以此作为贴现率。目前的做法是采用彭博N年期BB级企业债券与两年期BB级企业债券的收益差加到前面获得的短期贷款基准利率上,得出N年期长期贷款的基准利率并以此作为贴现率。

第四节 几种特殊情况的处理

我们这一节里主要介绍不适合贷款(无贷款信用或不具有信贷资

---

① See Department of Commerce, *Issues and Decision memo for final determination of PC Strand*, dated May 14, 2010.

② See Department of Commerce, *Issues and Decision Memorandum for the Final Affirmative Countervailing Duty Determination: Laminated Woven Sacks from the People's Republic of China*, dated June 16, 2008, and *accompanying Final calculation memo* (*proprietary document*).

格)、长期浮动利率以及或有责任无息贷款这三种特殊情况。

一、不适合贷款公司的情况

如果一家获得政府长期贷款的公司被美国商务部裁决为不适合贷款(无贷款信用或不具有信贷资格)公司(uncreditworthy companies),那么将按下列公式为该公司计算用于确定长期贷款补贴利益金额的基准利率:①

$$i_b = [(1-q_n)(1+i_f)^n/(1-p_n)]^{1/n}-1,$$

式中,n 代表贷款的期限,i_b为不适合贷款公司的基准利率,i_f为适合贷款公司本应支付的长期贷款利率,p_n表示在 n 年内不适合贷款公司违约的可能性,q_n表示 n 年内适合贷款公司违约的可能性。由于不适合贷款公司违约的可能性要大于适合贷款公司违约的可能性,即 $p_n > q_n$,这样为不适合贷款公司计算出来的利率肯定比具有贷款信用和信贷资格的正常情况要高很多。

"违约"(default)指没有支付或没有按期支付贷款的利息或本金加利息、破产、接管或不良交易(廉价债务交换)。关于 p_n的值,通常会依据穆迪评级机构关于公司债券发行人历史违约率研究报告中给信誉等级为 Caa 到 C 公司确定的平均累积违约率;关于 q_n的值,通常会依据穆迪评级机构关于公司债券发行人历史违约率研究报告给信誉等级为 Aaa 到 Baa 公司确定的平均累积违约率。②

如果美国商务部基于政府提供贷款时的可获得信息确定,公司原本从正常商业渠道不可能获得长期贷款,那么该公司就会被认定是不适合贷款的企业。美国商务部将根据个案情况确定贷款企业的信用状

① 19 C.F.R. 351. 505(a) (3) (iii).
② Ibid.

况,可能在适当情形下重点对被融资的项目而不是对公司整体的贷款信用进行分析。在确定有无贷款信用(适不适合贷款)时,除了考虑其他因素外,将审查下列因素:(1)公司获得可比长期商业贷款的情况;(2)公司过去和现在的财务健康状况,主要反映在根据公司财务报表和账册计算出来的各项财务指标;(3)公司最近的过去和现在以其现金流满足公司运营成本和偿还固定金融债务包括支付利息的能力;(4)关于公司未来财务状况的证据,比如市场研究,国家和产业经济展望,公司和借款人就贷款条件达成协议之前所准备的有关项目和贷款的评估。①

第一个因素有时起决定性作用。例如,如果一家非国有企业在没有政府担保的情况下获得了可比长期商业贷款,那么这通常可以构成该公司具有贷款信用的决定性证据。② 然而,这种情况并不适用中国的企业,原因是我们上面提到的美国商务部认为中国并不存在实际可从市场上获得的可比商业贷款,③中国企业所获得的所有类型的贷款一律被认定为是政府或公共机构提供的贷款。实践中,美国商务部主要更多是通过集中分析公司若干年的财务指标来决定公司的信贷资格。这些财务指标大部分都是我们在财务会计中熟悉的一些内容,如运营资本、流动比率、速动比率、资产负债率、收入利息比、现金流、总资产报酬率、净资产收益率等。④

不适合贷款、无贷款信用或不具有信贷资格的调查一定要由申诉方提出指控。大多数情况下,申诉方都是在看到应诉企业提交的答卷

---

① 19 C. F. R. 351. 505 (a) (4) (i).

② 19 C. F. R. 351. 505 (a) (4) (ii).

③ See Department of Commerce, *Issues and Memorandum for the Final Determination in the Countervailing Duty Investigation of Coated Free Sheet from PRC*, dated October 17, 2007 at comment 12.

④ *Coated Free Sheet Paper from the People's Republic of China: Amended Preliminary Affirmative Countervailing Duty Determination*, 72 Federal Register 17484 (2007).

(主要是应诉企业提交的包括调查期在内的三年的财务报表)后,通过分析应诉企业的财务状况,然后利用提交所谓新补贴项目的机会提出不适合贷款的指控。[①]

如果一家公司被美国商务部裁决为不适合贷款即无贷款信用的公司,那么贴现率也将按照为无贷款信用公司计算长期贷款基准利率的公式进行计算。也就是说,不适合贷款或无贷款信用的公司除了公司长期贷款的补贴利益金额会高于适合贷款的公司以外,那些需要采用贴现率计算补贴利益分摊的非重复性补贴项目也会产生比正常情况更高的补贴利益金额。

二、长期浮动利率贷款

当政府贷款为长期浮动利率贷款时,使用政府贷款条件确定之年的可比商业贷款的浮动利率作为基准与政府贷款的浮动利率进行比较。如果政府贷款的利率低于可比商业贷款的利率,说明政府通过长期浮动利率贷款授予了补贴利益。[②]

三、或有责任无息贷款

或有责任无息贷款是指公司偿还无息贷款的责任取决于公司为了满足贷款的要求而采取某个未来的行动或达到某个目标。换句话说,一旦接受贷款的公司在未来采取了所要求的行动或达到了所要求的目标,那么该公司就必须偿还贷款。如果采取行动或达到目标发生在收

---

① See Petitioner's Letter, *Certain Collated Steel Staples from the People's Republic of China*: *Petitioner's Uncreditworthy Allegation*, dated November 8, 2019; See also Petitioner's letter, *Countervailing Investigation on Certain Walt-Behind Lawn Mowers from the People's Republic of China*: *Petitioner's Uncreditworthy Allegation*, dated September 17, 2020.

② 19 C.F.R. 351.505 (a) (5) (i).

到或有责任贷款的一年之内，那么贷款的余额当作短期无息贷款处理。如果多于一年，则将贷款余额当作长期无息贷款处理，[①]但任何情况下所计算的补贴利益折算到收到或有责任无息贷款当年的现值不得超过贷款本金。如果在某个时间发现所谓应该采取的行动或达到的目标（偿还或有责任无息贷款的触发事件）显示出并非具有可行的或有性，那么发现当年的贷款余额将视为拨款处理。[②]

① 19 C.F.R. 351.505 (d)(1).

② 19 C.F.R. 351.505 (d)(2).

第五章　低价提供生产要素的补贴利益

当政府机构以低于适当报酬的价格(less than adequate remuneration)供应货物或提供服务时,补贴利益金额就是所提供货物或服务低于适当报酬的幅度。[①] 政府为国家、地区、省、市的广泛社会福利而设立的一般基础设施是一个例外,这样的货物或服务并不构成财政资助,当然也就不存在什么可诉补贴。一般基础设施的例子包括为全民大众提供的国家高速公路、铁路、桥梁、学校、医院、排污系统等。实践中,中国企业在美国的反补贴调查中遇到的这一类补贴项目都与生产要素有关。主要有三种,即以低于适当报酬的价格(有时又称为低于充分报酬、或低于适当补偿、或低于充分补偿等,很多时候干脆简称"低价")供应原材料、提供电力、出让土地使用权。我们在这一章首先介绍一般情况下,低于适当报酬供应货物或提供服务,即低价提供生产要素的比较基准。然后深入具体地讨论如何确定低价供应原材料、电力、土地使用权的补贴利益。最后,我们介绍与上游投入产品的补贴调查有关的内容。

第一节　低价供应货物或提供服务比较基准的确定

因为政府低于适当报酬供应货物或提供服务的补贴利益金额就是

---

① 19 C.F.R. 351.511 (a)(1),

所提供货物或服务低于一个适当报酬的幅度,所以必须有与政府提供货物或服务的价格进行比较的对象或者说一个可以比较的适当报酬的基准。找到这个基准价格之后,需要用政府提供货物或服务的价格和基准价格分别乘以提供货物或服务的数量计算出用这两种不同价格支付货物或服务的金额,当政府的价格低于基准价格时,二者之间的金额之差就是补贴利益的金额。本来这样的价格都应该是不含税的,否则会人为增加补贴利益的额度,即计算出来的补贴利益是一个含税的金额。然而美国商务部在比较时一直都是采用含税价,我们将这种做法列入第九章关于美国商务部针对中国反补贴调查现状的内容之一,希望未来有机会对此继续进行挑战并能获胜。

美国商务部反补贴条例和反补贴调查的实践按照优先顺序规定了衡量报酬适当性的三个基准:(1)涉案国家由市场决定的实际交易中产生的价格包括私人企业之间的实际交易价格、实际进口价或竞争性的政府拍卖价;(2)购买人可获得的世界市场价格;(3)通过对政府定价是否符合市场原则的评估所决定的价格。

一、来自市场实际交易的价格

这是衡量报酬适当性的第一个基准,该基准价格主要来自私营公司之间的实际交易价,实际进口价,或在某些情况下,政府举办的竞争性拍卖价。补贴利益就是通过比较政府的价格与从实际交易产生的并由市场决定的货物或服务的价格来确定的。在选择实际交易或销售时,美国商务部将考虑产品的相似性、销售数量、进口数量或拍卖数量及影响可比性的其他因素。[①] 如果采用实际进口价,则还要视情况考虑加上海运费、可能的保险费、进口环节的税费,内陆运费等,即最后形成

① 19 C.F.R. 351.511 (a)(2)(i).

所谓的到厂价。[①] 美国商务部的反补贴条例只是提到交货费用和进口税，没有明确包括增值税，然而实践中确实包含了进口货物的增值税。这样得到的基准价格是含税的，事实上人为提高了基准价格从而造成补贴利益的增加。

二、世界市场价

如果不存在可以采用的实际交易价格或其他由市场决定的价格，即不存在第一个比较基准，但可以合理判定某个世界市场价格可为涉案国家的采购商获得时，那么美国商务部将通过比较政府价格与该世界市场价格，以此衡量报酬的适当性。世界市场价格其实就是一个外部基准，需要根据不同的货物或服务选择不同的国际市场价格。如果存在一个以上的商业可获得的世界市场价格，那么美国商务部将在可行的程度上将这些价格进行平均，并适当考虑影响可比性的因素对平均价格进行调整。[②] 此外，还要加上海运费、可能的保险费、进口环节的税费，内陆运费等，即最后形成所谓的到厂价。[③] 同样，由于价格中包含了进口增值税，这样得到的含税基准价格会人为造成补贴利益的增加。

三、评估政府价格是否符合市场原则

当政府是货物或服务的唯一提供者，且没有购买人可以获得的世界市场价格时，美国商务部需要通过评估政府的价格是否符合市场原则来衡量报酬的适当性。[④] 这个评估过程主要是分析政府的定价原理、成本（包括回报率是否足以保障未来营运）或可能的价格歧视等因素。

---

① 19 C.F.R. 351.511 (a)(2)(iv).

② 19 C.F.R. 351.511 (a)(2)(ii).

③ 19 C.F.R. 351.511 (a)(2)(iv).

④ 19 C.F.R. 351.511 (a)(2)(iii).

上述因素没有先后顺序，在个案中会依据一个或几个因素。根据美国商务部以往的实践，当货物或服务为诸如电力供应、土地租赁、供水等时，由于个案的案情变化范围很广，美国商务部认为上述分析是必要的。① 我们后面将会看到，在确定低价供应电力和出让土地使用权的基准价格时，美国商务部的确进行了这样的评估分析，但得出的结论都是令人失望的。

在上面提到的三个基准中，美国商务部首先考虑第一个基准，分析中国市场是否存在由市场决定的实际交易价格包括私人企业之间的实际交易价格、实际进口价或竞争性的政府拍卖价。如果没有可用的实际交易价格，那么就会转向第二基准，即购买人可获得的世界市场价格。如果不存在这样的世界市场价格，那么考虑第三基准，即对政府价格是否符合市场原则进行评估。某些情况下，如后面将会遇到的低于适当报酬的价格供应电力和出让土地使用权时，三个基准都不存在或不适用，此时美国商务部利用其自由裁量权而采用它认为可行的其他外部基准，或是根据既有事实进行不利推断所得出的基准。

第二节　低价供应原材料

在确定低于充分报酬供应原材料的补贴利益时，美国商务部首先分析中国是否存在买卖双方实际交易的市场价格。因为其认为政府参与市场可能会对该市场上的商品价格产生影响，特别是当政府或国有企业提供了市场上大部分，或相当大份额的产品时会造成市场的严重

① See Department of Commerce, *Preamble to Countervailing Duty Regulations*, 63 Federal Register 65348, 65378 (1998).

扭曲。[①] 一旦发现有这种对实际交易价格的明显扭曲,第一基准就不再适用,而开始考虑第二基准。[②]

例如,在钢绞线一案中,[③]几乎与之前的厨房搁物架一案情况相同,美国商务部不仅发现中国国有盘条生产企业的产量占到市场份额的将近一半,这被认为是一个相当大的市场份额。而且还发现,中国政府对盘条出口征收10%的出口税以及许可证要求进一步证明了中国政府在国内盘条市场上的主导地位并造成扭曲。因为这些出口限制措施阻拦了盘条出口,增加了国内市场上的盘条供给,从而使中国国内盘条的价格要比没有出口限制的情况下更低。此外,调查期内进口盘条在中国国内市场上占有非常低的份额(仅仅0.91%),也证明中国政府通过参与市场发挥了主导作用。因此,中国国内私营生产商的盘条价格和进口盘条价格都不能作为衡量补贴利益的基准价,只能继续考虑和分析第二基准是否可行。值得说明的是,本案中,美国商务部倒是没有把从私营生产企业采购的盘条认为是低价供应的原材料,换句话说就是从私营生产企业采购的盘条不存在补贴。在后来的铸铁污水管件一案中,[④]美国商务部根据既有事实进行不利推断,把提供投入要素的生产供应商,不论是国有还是私营,均定性为政府或公共机构,并进一步认为中国的要素市场是扭曲的,结果不但不采用第一个基准,而且认定甚至从私营生产企业采购的生产投入要素也存在补贴。

---

① See Department of Commerce, *Preamble to Countervailing Duty Regulations*, 63 Federal Register 65348, 65377 (1998).

② Ibid.

③ *Preliminary Affirmative Countervailing Duty Determination of PC Strand*, 74 Federal Register 56576 (2009).

④ See Department of Commerce, *Decision Memorandum for the Preliminary Affirmative Determination*: *Countervailing Duty Investigation of Cast Iron Soil Pipe Fittings from the People's Republic of China*, dated December 11, 2017.

上面提到的政府对某些原材料的出口限制比如征收出口税等，在满足专项性时也可以被认定为是一种低价提供原材料的补贴项目。这样的出口限制措施阻拦了原材料的出口，导致国内市场上原材料供给的增加，从而使出口国或涉案国家国内原材料的价格要比没有出口限制的情况下更低。有两点值得注意：一是这种对出口限制产生的补贴并不归为出口补贴；二是这种情况也并不仅仅在中国发生，其他出口国家也存在对出口限制造成的补贴。①

因为没有可以采用的由市场决定的实际交易的价格，那么就需要考虑和分析第二基准，即是否存在购买人可获得的世界市场价格。通常可以进行货物贸易的商品诸如某些金属、矿物、石油化工产品等都存在世界市场，只要有证据表明中国的购买人可以跨国获得该产品，该产品的世界市场价格就可以作为与政府提供货物价格的比较基准。美国商务部一般情况下会选取利害关系人提供的世界有关机构公布的调查期内的月度价格，例如钢绞线一案中采用的是美国金属市场的月度高碳盘条的价格作为基准。如果存在一个以上可获得的世界市场价格时，那么美国商务部一般会将这些价格进行平均。例如铸铁污水管件一案中采用了波罗的海、黑海和拉丁美洲的生铁平均价，而废钢则采用了美国金属市场和普氏指数的平均价。某些情况下，全球贸易数据库（GTA）或联合国商品贸易统计数据库的出口数据也可以作为世界价格。前面已经提到，这个世界市场的价格还要加上海运费、可能的保险费、进口关税和增值税，内陆运费等，形成最后的比较基准价。我们将在第八章第三节详细讨论如何确定世界

① See Court of International Trade, *CIT opinions on Commerce's final determination in countervailing duty investigation of biodiesel fuel from Indonesia*, "*that the Government of Indonesia's* 2015 *export levy on crude palm oil provided goods for less than adequate remuneration*", CIT 20 – 115 (August 11, 2020).

市场价格。

在计算低价供应原材料的补贴利益时，美国商务部采用单笔采购交易的价格与月度平均基准价格进行比较来决定补贴利益。与贷款补贴利益的计算类似，也存在所谓的归零问题，即当某一笔实际采购（支付）的价格高于基准价格时，这些所谓的“负补贴额”实行归零，而不能抵消那些由于实际采购（支付）价格低于基准价格所产生的真实补贴。

目前为止，在针对中国的反补贴调查实践中，美国商务部主要采用第二个基准，即以国际市场价格来确定低价提供原材料的补贴利益。因为已经有了适用的基准，美国商务部不再继续对政府价格是否符合市场原则进行评估，即不再考虑第三基准。

事实是除了极少数的战略物资外，几乎所有的生产要素资源包括上游的原材料产品都是由市场配置。政府根本不参与市场，大部分商品的原材料都是由民营或私营企业提供。至于所谓国有企业提供某些原材料产品，与前面有关商业银行贷款的补贴认定相同，国有企业既不构成美国法律意义上的权力机构，也不构成世贸组织补贴和反补贴措施意义上的公共机构。

第三节　低价提供电力

与上面确定低价供应原材料的补贴利益一样，美国商务部也要按顺序考虑和分析三个比较基准：由市场决定的实际交易价格（包括私人企业之间的实际交易价格、实际进口价或竞争性的政府拍卖价）、购买人可获得的世界市场价格、对政府价格是否符合市场原则的评估。

首先中国的电力供应都是由国有电力公司提供，省级政府有关部门定价，不存在实际交易的市场，当然也就不存在由市场决定的实际交易价格或竞争性的政府拍卖价。中国的电力一般也没有直接进口的情况,所有也不存在实际进口价。那么私人企业之间的实际交易价格能不能作为比较基准呢?在铸铁污水管一案中,运城恒通公司报告其生产用电并非直接从国家电网购买而是从附近的另一家企业购买。美国商务部基于售电企业只是中间商而非生产商,即该售电企业的电力实际还是从国家电网购买的,裁决运城恒通从附近其他企业购电的价格仍然相当于权力机构低价提供电力的价格。[①] 这一价格不仅不能作为比较基准,而且还授予了补贴利益。

如果没有可用的市场决定的实际交易价格,即第一个基准不适用,那么就要考虑和分析是否存在购买人可获得的世界市场价格即第二个基准。与一般的货物商品不同,对于电力这种特殊的产品,并不存在一个可以交易的世界市场。显然,中国的企业不可能从一个并不存在的世界市场购买可以供其在国内使用的电力,因此不存在所谓的第二个基准。

美国商务部从2006年的第一例对中国的反补贴调查开始就一直声称中国政府不能提供发电、输电和供电的定价原理和成本构成,也不配合提供证明国家发展改革委与省级政府之间关于决定电价的协作关系,因此无法评估政府制订的电费价格是否符合市场原则,于是第三个基准也不能采用。

最后,由于三个基准都不存在或不适用,美国商务部可以利用其自由裁量权而采用它认为可行的其他外部基准,或是根据既有事实进行不利推断所得出的基准。不知为何,美国商务部没有像土地使用权那

① See Department of Commerce, *Post-Preliminary Analysis Memorandum in the Countervailing Duty Investigation of Cast Iron Soil Pipe from the People's Republic of China*, dated December 17, 2018.

样,去寻找一个外部基准。也许是某一国家或地区的电价通常不能作为一个可接受的比较价格,用以比较其他国家或地区的电力供应价格。于是美国商务部根据既有事实进行不利推断,根据案件记录上的可获得信息,采用中国国内所有省份中相应用电用户的行业和电压类别的最高电价作为基准来计算应诉企业的用电补贴利益。与计算贷款的补贴利益以及计算低价供应原材料的补贴利益相似,当某月份实际采购(支付)的电费价格高于该月的基准价格时,这个月所谓的“负补贴额”实行归零,而不能抵消那些其他月份由于实际采购(支付)的电费价格低于基准价格所产生的真实补贴。

第四节　低价出让土地使用权

关于如何处理政府出让土地使用权的问题,我们代理的复合编织袋一案是一个具有里程碑式的案例。[①] 由于中国所有土地都是国家或集体所有,所以商业建设或民用住宅所获得的都是土地使用权。在确定低于充分报酬出让土地使用权的补贴利益之前,美国商务部首先裁定土地使用权属于货物或服务,因此出让土地使用权符合反补贴法律意义上的供应货物或提供服务。然后其又指出出让土地使用权的各级政府都是当然的权力机构,因此当政府出让土地使用权时即构成权力机构提供了财政资助,满足可反补贴的第一个要件。接着又进一步认定一个工业园或开发区内的土地使用权的出让具有地区或行业专项性,于是第三个要件也得到了满足。政府低于充分报酬出让土地使用权即是对土地使用权的购买人授予了利益,这样相当于预先设定第二个要件得到了满足。那么到底有没有授予利益以及授予了多少利益需

① 读者可以参见第十章第一节关于复合塑料编织袋反补贴调查的案例故事。

要与特定的基准进行比较才能确定。还是与上面确定低价供应原材料和电力的补贴利益一样，接下来需要顺序考虑和分析三个比较基准：实际交易价格（包括私人企业之间的实际交易价格、实际进口价或竞争性的政府拍卖价）、购买人可获得的世界市场价格、对政府价格是否符合市场原则的评估。

首先看第一个基准。美国商务部认为，中国政府在全国范围内的土地市场中保持着主导地位，土地使用权的出让若是通过拍卖或招标过程而不是以协议的形式指定价格，也会导致价格升高。因此，中国国内土地使用权的任何交易价格都不能用作政府出让土地使用权的基准。

其次看第二个基准。与电力一样，土地使用权也是一种特殊产品，而且是一种位于原地的不动产，并不存在一个可以交易的世界市场，即中国的土地使用权并不存在国内购买人可以获得的世界市场价格。国内土地使用权的购买者只可能在国内购买国内土地的使用权，不可能去一个世界市场上购买一块位于国外并在国外销售的可以用于国内的土地使用权。因此第二个基准也不能采用。

最后看第三个基准。美国商务部认为，中国土地使用权的交易不是依据市场规则进行的。

鉴于上面的三个基准都不适用，美国商务部可以利用其自由裁量权而采用它认为可行的其他外部基准。于是美国商务部决定找一个外部基准（美国商务部有时自己把这样的一个外部基准称为“所谓”的第三个基准）以确定低于适当报酬出让土地使用权的补贴利益。在复合编织袋一案中，美国商务部详细说明了选择出让土地使用权基准时考虑的若干经济和人口统计的因素，大致相当于在反倾销调查中确定非市场经济的正常价值时选择替代国的原则，主要考虑与中国经济发展水平可比的国家并且又合理接近中国的区域。例如，由人均国民总收入决定的经济相似性、人口密度、当生产商选择在中国以外的亚洲地区建立多样化生产基地时对多个地产市场的考虑。此外，也同样关注价格数据的可获得性、投资流向、土地的可获得性、地区工业的密集程度等。最后美国商务部选取了泰国大曼谷地区和临近省份工业区的工业用地出售价格作为外部基准，同中国应诉公司的土地使用权价格进行比较来确定低价出让土地使用权的补贴利益。①

美国商务部在 2018 年 10 月 2 日对 2007 年复合编织袋一案以来中国的土地市场发展状况再一次进行了系统的分析，②最终仍然得出与复合编织袋一案相同的结论。于是十几年过去了，美国商务部迄今仍在使用相同的外部基准。如最近的“成排码钉”一案③，还是将泰国曼谷工业区的工业用地出售价格作为外部基准，同中国应诉公司的土地使用权价格进行比较。

由于工业土地使用权的有效期较长，一般都在 40 年以上，因此获得补贴利益的时间与分摊补贴利益的时间并不相同，补贴利益的金额与分摊到调查期或复审期的金额也不相同。原本应该在第六章专门讨论补贴利益的分摊，考虑到土地问题的特殊性和分摊公式的复杂性，我们宁愿重复还是提前在这里介绍土地使用权补贴利益的分摊方法。

具体的分摊方法分为三个步骤。第一步计算基准价与实际支付价格的差额，该差额乘以土地面积便是补贴利益的金额，也就是公式中需

① *Laminated Woven Sacks from the People's Republic of China: Final Affirmative Countervailing Duty Determination and Final Affirmative Determination, in Part, of Critical Circumstances*, 73 Federal Register 35639 (2008), and *accompanying Issues and Decision Memo for Final Determination*, dated June 16, 2008.

② See Department of Commerce, *Benchmark Analysis of the Government Provision of Land-Use Rights in China for Countervailing Duty Purposes*, October 2, 2018.

③ See Department of Commerce, *Decision Memorandum for the Preliminary Affirmative Determination: Countervailing Duty Investigation of Certain Collated Steel Staples from the People's Republic of China*, dated November 4, 2019.

要用到的补贴金额的面值。第二步将所得到的补贴利益金额与购买土地使用权当年(交易正式批准之年份也即补贴利益获得之年份)的总销售额之比进行“0.5%”测试。[①] 如果该比值大于0.5%,则第三步采用下列公式计算分摊到调查期的补贴金额:

$$A_k = \{y/n + [y - (y/n)(k-1)]d\} \div (1+d)$$

式中,A_k代表应分摊到第k年的补贴利益,y是补贴金额的面值,n是土地使用权的年限,d是贴现率,k是应分摊的年份。这种方法计算出来的分摊补贴利益呈逐年递减的形式,除了最后一年分摊的补贴利益等于全部土地使用权期限的平均分摊以外,其他年份的分摊金额都比平均值高,最高的是第一年。

中国政府及其代理律师曾在多个案件中反驳了美国商务部的认定。首先,除了特定类型的土地使用权,如政府设施、军事、市政基础建设和社会福利等通过划拨外,中国的土地使用权市场采用的是拍卖形式,完全按照市场规则运行,并不存在政府干预造成的所谓扭曲。其次,土地使用权的出售也完全与企业的身份(如是否国企、何种经营活动、所在区域等)无关。

第五节　关于上游投入产品的补贴调查

一、上游补贴调查的法律适用

根据《1930年关税法》第771节,[②]上游补贴的定义是除了出口补贴以外的满足以下条件的任何可反补贴:

① 参见第六章关于补贴利益分摊的讨论。

② Tariff Act of 1930, SEC. 771A (19 U.S.C. 1677-1).

(1)权力机构为生产制造涉案产品使用的投入产品[①]所提供；

(2)调查当局判定为涉案产品授予了竞争利益；

(3)对涉案产品的生产或制造成本有显著影响。

当获得政府补贴的投入产品的价格低于涉案产品生产商本来在真实交易中应该支付给投入产品售卖人的价格时，就可以确定涉案产品生产商获得了竞争利益。如果之前已有关于投入产品存在可反补贴的裁决，调查当局可以适当调整涉案产品生产商本来应该支付的价格以反映可反补贴的影响；如果不存在本来在真实交易中应该支付的价格，调查当局可从其他来源选择一个替代价或基准价。如果裁定与涉案产品有关的上游可反补贴存在，补贴上游投入产品所获竞争利益的额度(不能超过上游产品的补贴额度)将计入涉案产品的补贴额度。

二、美国商务部启动调查的适用规则

根据《美国商务部反倾销与反补贴条例》第351.523节[②]规定，在启动上游补贴是否存在的调查之前，美国商务部必须有一个合理的基础相信或者怀疑所有以下三个因素都存在：

1. 存在对投入产品的除出口补贴外的可反补贴。

2. 下列条件之一存在：

(1)投入产品的供应商与涉案产品的生产商为关联企业；

(2)补贴投入产品的价格低于涉案产品生产商本来应该在真实交易中购买的无补贴投入产品的价格；

(3)政府制定投入产品的价格以便确保对投入产品的补贴可以传

---

① 此处投入产品与上游产品具有相同的含义，有时也称上游投入产品或上游投入，包括在生产涉案产品中使用的任何投入产品，见19 C.F.R. 351.523 (b)。

② 19 C.F.R. 351.523 (a).

递到生产涉案产品的企业。

3. 上游投入产品的补贴率乘以投入产品所占涉案产品总成本那部分的乘积大于或等于百分之一。

上述因素一般由申请方提供证据。在“成排码钉”一案中，申请方一开始指控中国政府低价供应钢盘条和锌块从而向生产成排码钉的企业授予了低于充分补偿的补贴利益。在成排码钉的生产过程中，盘条和锌块是生产涉案产品主体镀锌钢丝的投入产品，而镀锌钢丝是生产涉案产品码钉的投入产品。成排码钉的生产企业有些是从盘条和锌块开始经过拉丝镀锌后再加工成码钉，有的企业直接购买镀锌丝生产成排码钉。中国应诉企业浙江贝斯特就属于后者，显然政府低价供应钢盘条和锌块的指控对贝斯特并不适用。① 美国申请方在看到这种情况后，不是像通常一样直接要求增加对镀锌钢丝进行低于充分补偿供应的补贴调查，而是提交了长达500多页的关于镀锌钢丝的上游补贴指控。② 我们估计申请方可能是担心政府向涉案企业低价供应镀锌钢丝的指控很难满足可反补贴的三要件，但由于之前镀锌钢丝已被美国商务部进行反补贴调查并被裁定政府低价供应盘条和锌块对生产镀锌钢丝的企业授予了补贴利益，所以认为要求美国商务部对镀锌钢丝进行上游补贴的调查更有成功的把握。

三、美国商务部的调查方法

美国商务部的调查方法本质上就是对反补贴法律规定的上游补贴

---

① See Department of Commerce, *Decision Memorandum for the Preliminary Affirmative Determination*: *Countervailing Duty Investigation of Certain Collated Steel Staples from the People's Republic of China*, dated November 4, 2019.

② See Petitioner's letter, *Certain Collated Steel Staples from the People's Republic of China*: *Petitioner's Upstream Subsidies Allegation*, dated November 12, 2019.

定义的三个条件逐条进行分析，在确定所有条件均满足的情况下裁定上游补贴存在并计算补贴利益的额度。我们下面结合成排码钉一案来介绍美国商务部围绕定义条件进行分析，确定上游补贴利益存在并计算补贴率的内容。①

1. 确定权力机构为在生产涉案产品中使用的投入产品提供了补贴

(1)权力机构

国有全资或国有控股企业一定是权力(公共)机构。非国有控股但受国家产业政策约束的企业也是权力机构。甚至某些私营企业但政府有明显控制的也可以被认定是权力机构，正如我们在第二章提到的，这种情况多是根据不利既有事实推断出来的。

(2)财政资助

这里的投入产品是在涉案产品成排码钉的生产过程中使用的镀锌钢丝。因为盘条和锌块都是货物，上面所指的那些权力机构向生产镀锌钢丝的企业供应这些货物就是一种财政资助。

(3)授予利益

一般都是预先假定权力机构供应货物或提供服务都会以低于适当补偿(低于充分报酬)的形式进行，如此而言低价供应盘条和锌块就被认为是授予了利益。美国商务部会要求镀锌丝的生产商提供他们采购盘条和锌块的数据，然后与外部基准价格进行比较计算补贴利益。根据之前“镀锌丝一案”反补贴调查的裁决，②权力机构低价供应盘条、锌块和镀锌用电授予了利益，并且对镀锌丝涉案企业贡献了 18.82% 的补

① See Department of Commerce, *Certain Collated Steel Staples from the People's Republic of China*, *Upstream Subsidy Allegation*, dated January 17, 2020.

② *Galvanized Steel Wire From the People's Republic of China: Final Affirmative Countervailing Duty Determination*, 77 Federal Register 17,418 (2012), and *accompanying Issues and Decision Memorandum.*

贴率。

(4)专项性

对上游投入生产商的国内补贴必须具有专项性,所以镀锌丝生产商低价获得盘条和锌块的补贴指控需要证明是专项的。在其他的案件中(如我们之前引用的“钢绞线一案”),美国商务部已经发现国有或国有控股企业生产的盘条仅仅供应有限的行业,在“镀锌丝一案”中裁定镀锌丝行业是一个主要使用盘条的行业。这样事实上的专项性就成立了。

虽然对涉案产品生产商的国内补贴也必须具有专项性,然而涉案产品生产商采购补贴的上游投入产品不需要具有专项性。[①] 于是涉案产品码钉的生产商低价获得镀锌丝不需要证明专项性,因为低价供应镀锌丝的生产商并非直接向涉案产品码钉的生产商提供补贴,而是传递了他们低价获得盘条和锌块的补贴利益。

2. 确定上游补贴为涉案产品授予了竞争利益

竞争利益是否存在是由价格比较决定的,美国商务部将补贴投入产品的价格与基准价格比较。如果补贴投入产品的价格低于基准价格,则存在竞争利益。美国商务部按优先顺序采用以下五种关于投入产品的基准价格:

(1)涉案产品生产商支付的不含补贴的实际交易价格或实际报盘价,包括进口价格;

(2)基于公开可获得数据的不含补贴的平均价格,包括进口价格;

(3)含补贴的实际交易价格,包括进口价格,但要对可反补贴进行调整;

---

① *Final Affirmative Countervailing Duty Determination in Steel Wheels From Brazil*, 54 Federal Register 15523, 15533 (1989).

(4)基于公开可获得数据的含补贴的平均价格,包括进口价格,但要对补贴进行调整;

(5)不对补贴进行调整的价格,或任何商务部认为合适的替代价格。

此外,基准价格还要求与采购的时间要一致,并且必须调整为到厂价。根据政府低价提供生产要素的分析,我们判断商务部基本上会采用第二个基准,即将涉案企业对镀锌丝的采购价格与世界市场的价格相比较。

3. 确定上游补贴对涉案产品的生产成本有显著影响

首先用一个量化标准来假定是否存在显著影响:如果上游投入产品的补贴率乘以投入产品所占涉案产品总成本那部分的乘积小于1%,则假定不存在显著影响。如果乘积大于5%,则假定存在显著影响。如果乘积大于等于1%但小于等于5%,没有或无法做出假定。参与调查的利害关系方允许提供其他信息就这些假定进行辩驳,通常除涉案产品价格外的其他因素如质量差别也都是一些重要的决定因素。

"成排码钉"一案中,如果采用"镀锌丝一案"的裁定结果,低价供应盘条、锌块和镀锌用电对镀锌丝产品贡献了18.82%的总补贴率,镀锌丝所占码钉生产成本的行业平均标准大约是70%左右。二者的乘积为13.17%,显然可以假定上游补贴对涉案产品的生产成本有显著影响。

4. 确定上游补贴利益存在并计算补贴率

通过前面的调查步骤,如果三个条件都满足,即政府为在生产涉案产品中使用的投入产品提供了补贴,为该补贴授予了竞争利益并且对涉案产品的生产成本有显著影响,那么就可以裁定与涉案产品有关的上游可反补贴存在。按照法律规定,补贴上游投入产品所获竞争利益的额度(不能超过上游产品的补贴额度)将计入涉案产品的补贴额度。

仍用码钉的例子,如果经过实际调查,美国商务部发现政府低价提供盘条、锌块和镀锌用电等给镀锌丝生产企业带来10%的补贴率,并且镀锌丝的成本的确占到涉案产品码钉生产成本(这里应为制造成本而非完全成本)的70%,则乘积7%(10% ×70%)大于5%,因此可以假定上游补贴对涉案产品的生产成本有显著影响。如果美国商务部在调查中又发现镀锌丝为涉案产品码钉授予了12.5%的竞争利益,那么这个竞争利益与成本比例70%的乘积8.75%(并未超过上游产品的补贴额度10%)很可能会被额外计入生产码钉的企业自身原有的补贴率。

实际情况是怎样的呢?成排码钉的反补贴调查由于新冠疫情在全球暴发,美国商务部于2020年3月16日取消了来中国的实地核查并同时将上游补贴的调查推迟到第一个年度复审时再进行。① 可以想象,申请方对美国商务部这一推迟调查的决定十分沮丧。一方面提出许多抱怨,另一方面想尽办法试图弥补,甚至提出不做调查直接将镀锌丝的供应采用不利事实推定为向生产码钉的涉案企业授予了补贴利益。不过最终美国商务部没有接受申请方的抗辩,依法继续坚持复审时再调查上游补贴项目。② 我们现在则拭目以待并切实做好应对行政复审的准备。

① See Department of Commerce, Cancellation of Verification and Deferment of Upstream Subsidy Investigation, dated March 16, 2020.

② *Certain Collated Steel Staples from the People's Republic of China*: *Final Affirmative Countervailing Duty Determination and Final Affirmative Critical Circumstances Determination*, 85 Federal Register 33626 (2020), and *Accompanying Issues and Decision Memorandum at Comments* 7 *and* 8, dated May 22, 2020.

第六章　补贴率的计算

我们在第三章的开头提到补贴利益的确定与补贴利益的分摊是两个不同的概念,因此获得利益的时间与分摊利益的时间也不尽相同,我们还提到这些时间上的差别可能会影响实际补贴利益金额的确定或补贴利益的分摊与补贴率的计算结果。之所以两个概念不同,是因为确定补贴利益一般是一个总量计算问题,需要考虑的是财政资助授予补贴利益的全部金额。而分摊补贴利益一般是一个分量的计算问题,只需考虑在调查或复审期内的补贴利益金额。补贴率的计算也仅仅基于分摊在调查或复审期内的补贴利益金额。

计算补贴率实际就是要做两件事。一是要把补贴利益的金额正确地分摊到所对应的年份。[①] 这主要是因为有些补贴项目具有重复性,每年这样的补贴都会以同样的形式但可能不同的金额反复出现。而另外一些补贴项目是一次性提供的,通常其授予的利益会给接受补贴的企业带来持续多年的受益。二是将分摊到调查或复审期内的补贴利益金额分类归属到适当、相应的产品上,然后按照归属并考虑补贴的具体形式以相应的销售额决定分母,分摊后的补贴利益金额除以这个分母便可得到从价补贴率。[②]

---

① 19 C. F. R. 351.524.

② 19 C. F. R. 351.525.

第一节　补贴利益金额的分摊

将补贴利益的金额正确地分摊到调查或复审期的含义其实就是要得到计算从价补贴率的分子。取决于补贴项目是重复的或一次性的，存在两种不同的分摊方法。

一、重复性补贴利益的分摊

这一类的补贴项目主要包括：贷款、贷款担保、直接税（所得税）减免、采购材料的间接税或进口关税的免征或多退、低于适当报酬供应货物或服务、对产品销售价格的支持性支付、公用事业如水电等的价格折扣、运费补贴、出口促销资助、对员工的补贴和资助、上游补贴、货币低估等。

美国商务部将重复性的补贴金额分摊到补贴获得之年度，因此获得重复性补贴利益的时间与分摊重复性补贴利益的时间基本相同。①

二、一次性补贴利益的分摊

这一类的补贴项目主要包括：拨款、政府投股或股权注入、债务免除、经营亏损补助、债转股、提供固定资产如厂房和设备、出让土地使用权等。美国商务部将只考虑2001年12月11日中国正式加入世界贸易组织之后的一次性补贴。

1. 一次性补贴利益的分摊方法

美国商务部通常会把企业收到的全部补贴利益在一个确定时间段上进行分摊，这个时间段通常是补贴获得者的有形固定资产，如设备厂

① 按月支付利息的贷款补贴可能会有例外。

房等的平均使用年限(Average Useful Life of Renewable Physical Assets, AUL)。对于土地使用权的分摊时间段是中国商业用地的使用权年限,一般为40或50年。分摊的方法不是简单的直线分摊而是按照下面的分摊公式:

$$A_k = \{y/n + [y - (y/n)(k-1)]d\} \div (1+d)$$

式中,A_k代表应分摊到第k年的补贴利益,y是补贴的面值即收到补贴的全部金额,n是AUL,d是贴现率,k是分摊的年数。可见获得一次性补贴利益的时间与分摊一次性补贴利益的时间一般并不相同。

2. 一次性补贴利益的0.5%测试

一次性的补贴利益在进行分摊之前,美国商务部首先要进行"0.5%测试"。如果获得批准补贴的金额占公司在补贴项目批准之年的相关销售(总销售额、出口销售额、某个产品的销售额或某个市场的销售额)不到0.5%,那么就不采用通常的分摊补贴金额的公式,而是将根据某项补贴获得的补贴利益金额直接分摊到获得补贴利益的年份,又称将补贴金额在获益年份费用化。如果获得利益的年份不是调查或复审的年度,则费用化的补贴利益金额将排除在总补贴率的计算之外。由于补贴批准的年份与补贴获得的年份不一定相同,所以这里有时会出现一个测试与分摊的时间差。

第二节　补贴利益的归属和计算从价补贴率

当将企业获得的补贴利益金额完成分摊后,分摊到调查或复审期内的补贴利益金额必须分类归属(attribution of subsidies)到一个或多个产品,然后除以同期补贴利益所归属的那些产品的销售总额,又称分母或除数(denominators),计算出一个以百分比表示的从价补贴率(ad valorem subsidy rate)。当这个从价补贴率小于0.005%时,视为可忽略不计。由此可见归属是针对产品，分母是针对产品的销售，而决定归属和确定分母实际上是同时完成的。一般情况下，当一家应诉公司本身即是涉案产品的出口商又是生产商时，美国商务部将根据补贴利益的性质分别将它们归属到接受补贴的公司所生产的出口产品或全部产品，并将该公司的出口销售额或总销售额作为分母。如果存在交叉所有的情况，或一家公司仅仅只是涉案产品的出口商或生产商时，还要考虑两家或多家公司的补贴归属问题。

一、补贴利益的归属和分母的确定

1. 出口补贴项目

出口补贴利益归属到应诉公司的出口产品，使用应诉公司的出口产品销售总额（或有交叉所有关系公司的合并总出口销售额）而不是全部产品的销售额作为分母。

2. 国内或进口替代补贴项目

国内或进口替代补贴的利益归属到应诉公司的全部产品，使用应诉公司全部产品的销售总额（或有交叉所有关系公司的合并总销售额），包括出口销售和内销销售额作为分母。

3. 针对特定市场的补贴项目

如果一项补贴项目只是同某个特定市场相关，那么补贴利益只归属到该市场上销售的产品，使用该市场上的销售金额作为分母。比如，如果仅对出口美国的产品提供补贴，那么补贴利益仅仅归属到在美国销售的产品，以美国市场的销售额作为分母。

4. 针对某个具体产品的补贴项目

如果一项补贴只同某个具体产品相关，那么补贴利益只归属到该产品，仅使用该产品的销售（出口销售金额或总销售额，取决于补贴项目为出口补贴还是国内补贴）作为分母。但是，如果补贴只同投入物

(原材料或中间体)的生产相关,那么补贴金额将归属到该公司生产的投入物和下游产品,使用投入物和下游产品的合并销售金额作为分母。实际上一般都是把公司的总销售额作为分母。

5. 跨国公司的情况

如果公司在两个或两个以上国家拥有工厂(跨国公司),那么美国商务部将把补贴利益归属到提供补贴国家内的工厂生产的产品,而不是公司的全部产品。或者说境外的关联企业即便存在交叉拥有的关系也不参与补贴利益的归属。

6. 销售额通常根据 FOB 价格确定

对于出口销售金额,通常采用 FOB 港口价格确定,这个数据一般取自应诉企业的出口销售收入总账。对于国内销售金额,通常采用 FOB 工厂价格确定,也就是说国内销售的金额中要扣除国内送货上门的运输费用以及与生产无关的其他收入,这个数据一般指应诉企业的主营业务收入或主营业务收入减去国内货运费用。

二、交叉所有权关系的关联公司

关联关系指两个或两个以上公司之间存在的一种特殊关系,最常见的一般由家庭成员(包括夫妻、父母、子女、兄弟、姐妹等)分别在各自独立注册的公司持股,一个公司的管理人员或董事会成员同时又是另一家公司的管理人员或董事会成员,一家公司直接或间接拥有另一家公司 5% 或以上股权等。[①]

交叉所有权(cross-ownership)关系是指两个或两个以上的公司互相关联,且一家公司可以像使用自己的资产一样使用另一家公司的资产。一般而言,这种情况当一家公司拥有另一家公司的多数股权时便

① Tariff Act of 1930, SEC. 771(33), 19 U. S. C 1677(33).

可以断定两家公司存在交叉拥有关系。此外,两家公司同时与第三家公司交叉拥有,那么他们之间也存在交叉拥有关系。[①] 对于存在交叉所有的情况,归属与分母的确定还有以下一些特殊的规定。

1. 如果两个(或以上)有交叉所有权关系的关联公司生产涉案产品,那么将把任何一个或几个公司获得的补贴归属到这些公司生产的产品。出口补贴项目以所有关联公司的合并总出口销售额作为分母,国内补贴项目以所有关联公司的合并总销售额为分母。

2. 如果接受补贴的公司是一家有自己经营业务的控股公司或母公司,那么将把补贴归属于控股公司及其子公司的合并销售产品,但如果控股公司仅仅起到一个将政府补贴转移到子公司的渠道作用,则该补贴归属到子公司销售的产品。

3. 如果投入产品的供应商同下游产品生产商存在交叉所有的关联关系,并且投入产品的生产主要专用于下游产品的生产,那么投入产品生产商获得的补贴将归属于这些公司生产的投入产品和下游产品(剔除这两家公司之间的关联销售)。

4. 如果接受补贴的公司不生产涉案产品,但将补贴转移到另一家交叉拥有的涉案公司,那么将把补贴归属于另一家涉案公司销售的产品。

三、贸易公司的特殊情况

这里有两种情况,一种是强制应诉企业是贸易公司(或是贸易公司也自己生产涉案产品)从其他涉案产品的生产商购买涉案产品向美国出口,另一种是强制应诉企业除了出口本身生产的涉案产品外还供货给其他贸易公司向美国出口涉案产品。无论有无关联关系,出口涉案

---

① 19 C. F. R. 351. 525(b)(6)(vi).

产品的贸易公司所获得的补贴应与提供涉案产品的生产公司所获得的补贴累加计算。如果存在交叉拥有的关联关系,则国内补贴归属到贸易公司和生产公司的全部销售产品,并使用贸易公司和生产公司合并的总销售额(包括出口销售和各自内销销售额)作为分母。如果不存在此种关联关系,则使用贸易公司和生产公司各自的销售额作为分母,在计算累加补贴率时还要考虑生产公司提供的涉案产品在美国销售的份额,或贸易公司获得的涉案产品在美国销售的份额。例如污水铸铁管件一案中,[1]贸易公司安徽崇商的涉案产品供应商广州五龙平安的补贴率是根据其通过崇商销往美国的产品比例计入崇商的总补贴率。[2] 非重装钢瓶一案中,[3]武义西林德提供给其非关联贸易公司的涉案产品要根据贸易公司对美销售该部分产品的比例,将贸易公司自己的补贴率计入西林德的总补贴率。

四、进口报关金额对销售金额的调整

由于某些情况下自中国进口的涉案产品在美国海关进口报关时的金额不一定与中国出口公司的发票金额一致,特别是当报关金额高于出口发票金额时,可能需要对销售金额向上调整,结果是扩大了分母从而降低了补贴率。这种情况往往发生在中国出口商向美国出口涉案产品不是直接给美国的进口商开发票,而是开给一个位于境外的关联公司。该关联公司适当提价后,开给美国客户一个较高价格的对美销售

---

① 详情见本书第十章第四节污水铸铁管件反补贴调查的案例故事。

② See Department of Commerce, *Decision Memorandum for the Preliminary Affirmative Determination: Countervailing Duty Investigation of Cast Iron Soil Pipe Fittings from the People's Republic of China*, dated December 11, 2017.

③ See Department of Commerce, *Decision Memorandum for the Preliminary Affirmative Determination in the Countervailing Duty Investigation of Certain Non-Refillable Steel Cylinders from the People's Republic of China*, dated August 24, 2020.

发票,而美国进口商在美国海关报关时提交的也是这些较高价格的美国发票。

强制应诉企业可以在答卷中报告这一情况,要求按报关金额调整销售(Entered Value Adjustment)。美国商务部在满足六项准则的情形下可以给予调整。① 这六项准则是:(1)含有补贴的出口价格与美国发票价格不同;(2)出口商与向美国客户开发票的公司存在关联关系;(3)反补贴税的征收基于美国发票确立的海关报关金额;(4)含有补贴的出口发票与货运文件中的加价发票即美国发票要一一相关;(5)涉案产品是直接运送到美国港口;(6)所有发票都能够连续追踪到除了价格外均完全相同的发票。美国商务部进一步要求应诉企业必须证明所有的对美销售都满足这六项准则,而不仅仅只是提供样本销售文件。②

实践中,美国商务部通常要求强制调查企业提交以下四类文件:(1)出口商开给关联公司的发票;(2)关联公司开给美国客户的发票;(3)货运提单和装箱单;(4)美国海关进口报关单(7501 表)。在涂布纸的立案调查中,美国商务部同意对金东集团的销售进行调整。③ 然而,在铝箔一案的立案调查中,江苏中技公司不能证明第四项准则所要求的一一对应关系得到满足,美国商务部拒绝进行调整。后来,在铝箔一

① *Crystalline Silicon Photovoltaic Cells, Whether or Not Assembled into Modules, from the People's Republic of China: Final Results of Countervailing Duty Administrative Review and Rescission of Review, in Part*; 2016, 84 Federal Register 45125 (2019), and *accompanying IDM at Comment* 12.

② See Department of Commerce, *Issues and Decision Memorandum for the Final Determination in the Countervailing Duty Investigation of Certain Aluminum Foil from the People's Republic of China, at Comment* 14, dated February 26, 2018.

③ *Certain Coated Paper Suitable for High-Quality Print Graphics Using Sheet-Fed Presses from the People's Republic of China: Final Affirmative Countervailing Duty Determination*, 75 Federal Register 59212 (2010), and *accompanying Issues and Decision Memorandum (IDM) at Comment* 32.

案第一次年度行政复审中,①江苏中技公司因为无法从进口商处获得所要求的7501表,美国商务部据此裁定上述第三个准则不满足,再次拒绝对其销售金额做出调整。

第三节　补贴计算范例

一、出口奖励补贴

假设某省商务厅在调查期的2019年批准并拨发给我们举例的样本公司出口鼓励奖金人民币230,000元,公司2019年的年出口额为100,000,000元,这项出口补贴的补贴率是:

$$230,000 \div 100,000,000 = 0.23\%$$

虽然这是一次性补贴,但小于0.5%且大于0.005%,所以补贴利益将分摊到调查期内,即这个补贴率要计入最后的总补贴率。

二、分摊一次性补贴利益

假定样本公司于2013年购买一套大型生产设备时向政府申请补贴1,200,000元,省财政厅当年予以批准并于第二年(2014年)将补贴款划拨到账。样本公司2013年的销售额为50,000,000元,该设备的AUL为15年。我们现在需要计算分摊到调查期2019年度的补贴利益是多少?这项补贴的补贴率是多少?(注意:此例中补贴批准年度、获得补贴利益的年度以及分摊的年度都不相同)。

根据上面的数据,我们有补贴的面值 $y = 1,200,000$ 元,AUL $n =$

---

① See Department of Commerce, *Decision Memorandum for the Preliminary Results of the Countervailing Duty Administrative Review of Certain Aluminum Foil from the People's Republic of China*; 2017 - 2018, dated June 17, 2020.

15，分摊年数 $k = 2019 - 2012 = 7$ 年。查美国商务部的数据资料，2013 年的 15 年贴现率 $d = 14.05\%$ 。

首先判断补贴金额是否超过 0.5% 的门槛，即用补贴金额除以补贴批准当年的销售额：

$$1,200,000 \div 50,000,000 = 2.4\%$$

因为达到了 0.5% 的门槛，补贴金额应在平均使用寿命上分摊。将上面的数字代入前面的分摊公式，我们得到分摊到调查期 2019 年度的补贴利益为：

$A_k = \{1,200,000/15 + [1,200,000 - 1,200,000/15 \times (7-1)] \times 0.1405\}/(1+0.1405) = (80,000 + 101,160)/1.1405 = 158,842.61$ 元

进一步假定样本公司 2019 年的总销售收入是 200,000,000 元，则购买设备这部分的补贴率为：

$158,842.61 \div 200,000,000 = 0.08\%$ 。

三、交叉拥有关系的判定和补贴利益的归属

F 集团公司是 F 进出口公司的母公司，两个公司除各自的报表外还具有合并财务报表。F 进出口公司负责向美国出口涉案产品。H 公司主要由 F 集团公司的高管持股，负责采购主要的生产原料冷轧钢板并转售给其控制下的两个涉案产品的生产企业，S 公司和 M 公司。S 公司和 M 公司生产涉案产品但本身并不向美国出口涉案产品，仅仅通过 F 进出口公司对美国销售。W 公司生产涉案产品，且与 H 公司关联但并不受其控制，调查期内也有通过 F 进出口公司向美国销售涉案产品。

根据上述描述，F 集团公司、F 进出口公司、H 公司、S 公司和 M 公司这五家公司存在交叉拥有关系，W 公司仅是普通关联生产商但并不与这五家公司具有交叉拥有关系。

在明确了交叉拥有的关系和一般的关联关系之后，我们就可以确

定补贴利益的归属。F集团公司将把获得的补贴归属到自己与子公司F进出口公司的合并销售。F进出口公司的补贴归属到自己本身的销售。生产涉案产品公司的补贴归属到出口贸易公司和生产公司合并的总销售(剔除内部相互之间的销售),例如,F进出口公司、S公司和M公司。原材料供应公司的补贴归属到自己与生产公司、出口贸易公司等合并的总销售(剔除内部相互之间的销售),例如F进出口公司、H公司、S公司和M公司。对于不存在交叉拥有关系的W公司,则使用F进出口公司和W公司各自的销售额作为分母,计算各自的补贴率并进行累加。在计算累加补贴率时还要根据W公司提供的涉案产品在美国通过F进出口公司销售的份额进行调整。①

四、贷款的补贴利益

我们在第三章提到,当采用外部基准利率时,实际上是将支付政府贷款利息的时间作为获得补贴利益的时间。然而分摊的补贴利益只能与调查期或复审期内支付的利息有关,而且分摊之年的补贴利益不能超过收到贷款当年的本金现值。②

在计算贷款的补贴利益和补贴率之前,我们首先要确定四个重要的基础数据。一是应诉企业与银行签订贷款合同的时间或贷款发放的时间。二是签订合同或发放贷款时的合同贷款利率。三是调查期内贷款的余额。四是选择贷款合同签订或贷款发放当年的名义基准利率。四个基础数据确定后,用贷款合同签订或贷款发放当年的名义基准利率与应诉企业的合同贷款利率进行比较,其差额乘以调查期内尚未偿还的贷款余额就是所谓的短期贷款补贴利益。比较的方式是对逐笔偿

① 读者可以参见第十章第二节关于预应力混凝土用钢绞线反补贴调查的案例故事。

② 19 C. F. R. 351. 505(c).

还的利息进行比较，如果差额为负则归零，最后将所有比较的正数结果汇总便得到调查期内短期贷款的补贴利益金额。关于样本公司补贴利益金额的详细计算过程和结果见附录一表1。

将贷款的补贴利益金额除以总销售收入即为贷款的补贴率。附录一表1给出的补贴利益金额为276,750.00元，样本公司2019年的总销售收入为200,000,000元，于是贷款的补贴率为：

$$276,750.00 \div 200,000,000 = 0.14\%$$

五、用电的补贴利益

在计算用电的补贴利益和补贴率之前，首先要确定三个重要的基础数据。一是应诉企业调查期内每月峰、平、谷等不同用电时段的用电量和金额。二是峰、平、谷等不同用电时段的电价。三是中国政府报告的全国各省峰、平、谷电价中的最高值。用峰、平、谷电价中的最高值与应诉企业实际支付的峰、平、谷电价进行比较，其差额乘以峰、平、谷等不同用电时段的用电量就是所谓的低价提供用电的补贴利益。比较的方式是逐月进行比较，如果差额为负则归零，最后将各月峰、平、谷等不同用电时段的正数结果汇总便得到调查期内的补贴利益金额。关于样本公司用电补贴利益金额的详细计算过程和结果见附录一表2。

将低价提供电力的补贴利益金额除以总销售收入即为低价提供电力的补贴率。附录一表2给出的补贴利益金额为223,090.00元，样本公司2019年的总销售收入是200,000,000元，于是低价提供电力的补贴率为：

$$223,090.00 \div 200,000,000 = 0.11\%$$

六、原材料的补贴利益

与计算用电的补贴利益相似，计算原材料的补贴利益也要首先确定三个重要的基础数据。一是应诉企业采购原材料的数量和含税金额，由此可以得出含税单价。二是内陆运费。三是原材料的外部基准价格。用外部基准价与应诉企业购买原材料的实际含税价加上内陆运费进行比较，其差额乘以采购的数量便得到的低价供应原材料的补贴利益。比较的方式是月平均外部基准价格与每一笔采购交易进行比较，如果差额为负则归零，最后将所有比较的正数结果汇总便得到调查期内的补贴利益金额。我们假定样本公司受到补贴指控并被美国商务部认定为低价供应的原材料是冷轧钢板，关于样本公司补贴利益金额的详细计算过程和结果见附录一表3。

将低价供应冷轧钢板的补贴利益金额除以总销售收入即为低价供应原材料的补贴率。附录一表3给出的补贴利益金额为5,368,181.80元，样本公司2019年的总销售收入是200,000,000元，于是低价供应冷轧钢板的补贴率为：

$$5,368,181.80 \div 200,000,000 = 2.68\%$$

七、高新技术企业的所得税优惠

我们在第三章已经提到，有些补贴项目实际获得补贴的时间与导致补贴产生的时间不同，例如与所得税有关的补贴一般与上一年的运营有关。目前，我国一般企业的所得税率为25%，而国家给予高新技术企业的所得税率为15%，这个10%的差别乘以企业营运年度的应纳所得税额就是税收优惠的补贴利益金额，一般会反映在企业第二年的纳税申报表中。

美国商务部对所得税优惠补贴的调查期一般就是应诉企业的纳税申报年度。将营运年度应该享受的补贴利益金额除以纳税申报年度的总销售额便得到所得税优惠的补贴利益金额。假定样本公司2018年的所得税补贴利益金额为1,100,000元，样本公司2019年的总销售收

入是 200,000,000 元,于是所得税优惠的补贴率为:

$$1,100,000 \div 200,000,000 = 0.55\%$$

八、计算总的从价补贴率

如上述各例题所示,首先根据各个补贴项目计算应该在调查期分摊的金额,然后将其除以对应的销售金额得出该项目的补贴率。最后,将所有各个补贴项目的补贴率全部加总便得到一个强制调查企业的总从价补贴率。这里根据我们样本公司的数据,计算总从价补贴率如下:

(1)政策性贷款,补贴率为 0.14%;

(2)低价供应冷轧钢材,补贴率为 2.68%;

(3)低价提供电力,补贴率为 0.11%;

(4)采购设备,补贴率为 0.08%;

(5)所得税优惠,补贴率为 0.55%;

(6)出口补贴,补贴率为 0.23%。

上述各项补贴率直接相加便得到总补贴率为 3.79%。

第七章　年度行政复审

大部分的中国企业面对突如其来的反补贴调查，由于缺乏应诉美国反补贴的知识和技巧，没有做好一定的知识储备和应诉准备，经常在初始立案调查中得到不很理想的结果。然而，初始立案调查的失利并不是世界末日，也不意味着中国企业从此就不再可能返回美国市场。

申请年度行政复审是在反补贴初始立案调查终裁裁决以及美国商务部发布反补贴命令之后，中国应诉企业可以采用的一项后续措施。其主要目的是通过复审将原来偏高的反补贴税率降低以便能够重新进入美国市场，或维持初始立案调查中已经得到的比较低的税率，继续保持和占据美国市场。无论哪种目的和结果，都能获得相对于同行的竞争优势。

第一节　反补贴年度行政复审程序简介

一、年度行政复审的申请和启动

年度行政复审又称常规年度复审。[①] 一般在实施反倾销、反补贴措施的命令发布之日起一年后的每个周年月月初，美国商务部将会发布

① Tariff Act of 1930, SEC. 751(a)(1).

公告通知各利害关系方可以在周年月月底之前提出复审申请,[1]并于周年月之后的下一个月月底前后启动复审。这里的利害关系方包括美国国内的申请方、中国政府、中国的出口商或生产商、美国的进口商。申请方可以对所有涉案产品的出口商或生产商提起复审,出口商或生产商只能对自己提起复审,进口商也只能对向其提供涉案产品的出口商或生产商提出复审要求。申请复审的利害关系方可以在复审启动通知发布后的 90 天内撤回申请。

如复合压膜塑编袋一案,美国商务部于 2008 年 8 月 7 日颁布反补贴税及反倾销税命令,该两项年度行政复审的利害关系方应于 2009 年 8 月底之前提交复审申请,美国商务部应于 2009 年 9 月底前后启动复审。实际发生的具体情况是,美国商务部于 2009 年 8 月 3 日发布公告通知各利害关系方可以在月底前提出复审申请,有关利害关系方于 2009 年 8 月 14 日和 31 日分别提交了要求复审的申请,美国商务部于 2009 年 9 月 22 日发布公告正式启动年度行政复审程序。

再看铸铁污水管件一案,美国商务部于 2018 年 8 月 31 日颁布反补贴税及反倾销税命令,该两项年度行政复审的利害关系方应于 2019 年 8 月底之前提交复审申请,美国商务部应于 2019 年 9 月底前后启动复审。实际发生的情况是,美国商务部于 2019 年 8 月 2 日发布公告通知各利害关系方可以在月底前提出复审申请,美国国内申请方和中国应诉企业同时于 2019 年 8 月 30 日提交了要求复审的申请,美国商务部 2019 年 10 月 7 日发布公告正式启动年度行政复审程序并列出必须参加复审的企业名单。

---

① 19 C. F. R. 351. 213 (b).

二、复审期间的确定

根据美国国际贸易委员会终裁的结果，第一次年度行政复审的期间一般是从美国商务部肯定性初裁公布之日至发布反补贴命令一年后的周年月之前的日历年年底，时间范围比较广，可以是一年半也可以是不到一年。如光伏电池第一次反补贴年度行政复审涵盖期间为 2012 年 3 月 26 日至 12 月 31 日，不到一整年。复合压膜塑编袋的第一次反补贴年度行政复审涵盖期间为 2007 年 12 月 3 日至 2008 年 12 月 31 日，一年多一点。铸铁污水管件第一次反补贴年度行政复审涵盖期间为 2017 年 12 月 19 日至 2018 年 12 月 31 日，同样也是一年多一点。以后的年度复审期间是反补贴命令下达后的每个周年月之前的一个完整日历年。

三、参加复审的资格

一般而言，无论是主动要求还是被动参加复审，有资格参与复审的中国企业在复审涵盖期间至少有一单涉案产品出口到美国，且美国进口商必须在此期间完成美国海关通关手续并交纳反补贴担保或现金保证金。

四、复审的进行方式

整个年度行政复审过程与初始立案调查过程非常相似，比如复审也是通过发放调查问卷的方式进行，也会根据情况进行实地核查，也要进行初裁、终裁等。美国商务部在启动复审后一般根据美国海关的进口统计数据选择参加复审的强制应诉企业，偶尔也会在启动之后先发出复审的数量金额小问卷，并根据小问卷的答复情况采用最大销售量或放回式权重概率抽样法选择个别参加复审的应诉企业进行全面复审。与反倾销年度行政复审不同的是,除非被要求回答数量金额小问卷,未被抽中为强制应诉的企业不需要做任何其他工作便可获得反补贴平均税率。

五、复审问卷的发放及回复

美国商务部在启动反补贴年度行政复审后将发出反补贴调查问卷,反补贴调查问卷的答卷时间一般也是收到答卷之日起的30天内,考虑向外国政府和应诉企业邮寄问卷的时间,实际一般答卷的时间为37天。与初始立案调查一样,应诉企业可以申请延期交卷。由于复审的时间比较充裕,一般美国商务部都会适当同意给予数周的延期。

六、补充问卷的发放及回复

提交复审答卷后,应诉企业在初裁前后都有可能收到若干次补充问卷,答卷时间一般为一至两个星期。应诉企业同样可以申请延期交卷,但一般美国商务部只会同意给与有限时日的延期。

七、实地核查

与初始立案调查不同,年度行政复审的核查一般每3年一次。根据应诉企业和美国商务部的工作安排,实地核查一般在初裁结果公布之前,少数情况下也有可能在初裁结果公布之后,核查时间一般为3~5天。

八、初步裁决

美国商务部应于复审申请提交之日起在245~365天内公布初裁结

果。[①] 美国商务部反补贴年度行政复审的初裁针对不同的涉案企业有4种可能结果：(1)强制应诉企业获得自己的单独税率；(2)不合作的企业获得最高的惩罚税率；(3)未选为强制应诉的企业获得强制应诉企业的平均税率；(4)未被复审的企业继续维持其最近获得的单独税率或获得一个适用于所有其他企业的税率。就复审而言，初裁结果一般只作为参考，申诉方与应诉企业均可根据初裁结果向美国商务部提交评论报告包括对终裁的建议、提交案情摘要并要求召开听证会等。初裁公布的反补贴率并不改变进口商应交纳的反补贴税担保或现金保证金。同初始立案调查一样，[②]提交新的第三方或外部基准信息不得迟于预定初裁之日前的30天。

九、最终裁决

美国商务部应于初裁结果公布后的120～180天内公布终裁结果。如果初裁没有延期的话，美国商务部可以于初裁结果公布后的120～300天内公布终裁结果。[③] 同初裁一样，美国商务部反补贴年度行政复审的终裁针对不同的涉案企业有4种可能结果：(1)强制应诉企业获得自己的单独税率；(2)不合作的企业获得最高的惩罚税率；(3)未选为强制应诉的企业获得强制应诉企业的平均税率；(4)未被复审的企业继续维持其最近获得的单独税率或获得一个适用于所有其他企业的税率。终裁税率适用于本次复审期间对美销售涉案产品的海关清算。对于在此期间销售并进入美国的涉案产品，进口商所缴纳的反补贴税担保或现金保证金一般情况下由美国海关按多退少补进行清算，并加计利息。

---

① 19 C. F. R. 351.213 (h)(1).

② See Department of Commerce, *Definition of Factual Information and Time Limits for Submission of Factual Information*, 78 Federal Register 21246 (2013).

③ 19 C. F. R. 351.213 (h) (2).

第二节　反补贴年度行政复审的主要特点

一、复审的作用

对美国商务部和美国海关而言，反补贴的年度行政复审与反倾销年度行政复审相同，都将有两个作用：(1)决定美国进口商就复审期间从中国进口的涉案产品所实际须要缴纳的反补贴税。这是美国反补贴法律比较特别的地方，即所谓追溯式征收反补贴税。美国进口商实际应该缴纳的反补贴税额需要根据年度行政复审所确定的税率来计算，以前所缴纳的保证金多退少补，并适当加计利息。一般年度行政复审终裁后 15 天内美国商务部将终裁结果通知美国海关，海关一般应在 90 天内清算结税。(2)年度行政复审终裁结果公布的税率将被用于估算新的反补贴税现金保证金，适用于此后所有涉案产品对美国的销售，且一直延用至下一个年度行政复审终裁结果所公布的税率。

上面所说是一般年度行政复审的情况，初始立案调查结束后的第一次年度复审有一些特殊的地方。美国商务部初始立案调查初裁公布之日起 120 天内所采取的要求进口商按照初裁公布的反补贴税率提供担保或现金保证金的措施称为临时反补贴措施。临时反补贴措施期间销售并进入美国的涉案产品，进口商所预付的反补贴税现金保证金或提供的担保由美国海关依据第一次年度行政复审的结果按“多退少不补”原则进行清算，[①]但不计利息。[②] 具体而言，如果美国商务部第一次年度行政复审终裁的税率低于美国进口商进口报关时临时缴纳的现金保证金或提供的担保，那么它们之间的差额将退还给进口商；如果美国

① 19 C. F. R. 351. 212(d).

② Tariff Act of 1930, SEC. 778.

商务部第一次年度行政复审终裁的税率高于进口商进口报关时临时缴纳的现金保证金或提供的担保,美国进口商已经缴纳的现金保证金或提供的担保,便作为反补贴税征收,不再补齐差额。但是,对于第一次年度行政复审期间反补贴命令公布后销售并进入美国的涉案产品,进口商进口涉案产品时所预付的反补贴税现金保证金或提供的担保由美国海关按“多退少补”原则进行清算,且要适当计算利息。

反补贴命令公布后所采取的要求进口商按照终裁公布的反补贴税率交纳担保或现金保证金的措施称为正式反补贴措施。无论临时还是正式反补贴措施实施后,美国进口商在进口中国涉案产品时并没有立即缴纳反补贴税,而只是按照美国商务部公布的临时或正式反补贴税率支付现金保证金或提供担保,其实质是一种押金。美国进口商就复审期间从中国进口的涉案产品所实际须要缴纳的反补贴税都是要根据年度行政复审的终裁结果决定。

我们再重复一遍,就一般年度行政复审而言,如果美国商务部年度行政复审终裁的税率低于美国进口商复审期间进口报关时缴纳的现金保证金或提供的担保,那么它们之间的差额将退还给进口商;如果美国商务部年度行政复审终裁的税率高于美国进口商复审期间进口报关时缴纳的现金保证金或提供的担保,进口商还须补齐差额。这便是“多退少补”的原则,关于加计利息的条款①仅仅适用于反补贴命令公布之后美国进口商进口涉案产品时所预交的担保或现金保证金。

二、复审的结果

与反倾销年度行政复审的结果不完全相同,对中国应诉企业和美国进口商而言,反补贴年度行政复审可能有如下几种结果:(1)企业在

---

① 19 C.F.R. 351.212(e).

复审期内有对美出口涉案产品并参加年度复审，这样该企业的反补贴税率将会由复审结果重新确定，美国进口商一般应按复审终裁结果裁定的税率缴纳反补贴税；(2)企业在复审期内没有对美出口涉案产品，这样该企业不具备参加年度复审的资格，将继续维持原有的反补贴税率，如果希望确保能够维持原有的反补贴税率，适情况可以考虑主动向美国商务部提交复审期间无对美销售的声明信；(3)企业在复审期间有对美出口涉案产品但不参加年度复审，如果起诉方对其提出复审要求并且被美国商务部选为强制应诉企业或被要求回答数量金额问卷，由于不想参加复审而采取不合作的态度，通常会被美国商务部重新确定一个最高的惩罚反补贴税率，美国进口商则不得不按这一复审结果缴纳反补贴税；(4)企业在复审期间有对美出口涉案产品，但如果起诉方没有对其提出或提出后又撤销了复审要求，企业本身也没有主动提交申请要求参加复审，则所有在复审期间对美出口的涉案产品，美国进口商报关时所交纳的反补贴税现金保证金便作为正式的反补贴税被征收；(5)如果有记录显示某进口商从一家声明复审期间无对美销售的出口商购买了涉案产品，有可能会因被告发而遭到美国海关的追查。

三、实际结税的不确定性

由于反补贴税也是实行追溯征收制度，初始立案调查确定的反补贴率只是初裁后美国进口商进口涉案产品报关时预交的现金保证金(押金)比率，并不是实际的结税税率。其实际税率只有等到年度行政复审终裁结果的公布才能确定，其间要经过12～18个月的复审审查。同时这个年度行政复审结果确定的税率又成为下一个年度美国进口商进口涉案产品报关时的押金率，而下一个年度的实际结税税率只有等到再下一个常规年度复审的终裁结果才能确定。这样美国进口商作为实际纳税人在进口涉案产品的时候并不知道他将来的实际税率和缴纳税额是多少,中国出口商和生产商也不知道自己未来的反补贴率所对应的押金率是多少。

如果年度行政复审的结果不理想,美国进口商就必须补缴押金与实际结算反补贴税之间的差额以及利息,因此进口商就面临很大的风险。一方面,造成美国进口商不敢大量下订单,或者将订单下到没有受到反补贴调查国家的出口商或生产商;另一方面,由于承受不了后来要补缴的税额与利息,甚至有可能会导致进口商破产。

中国出口商和生产商也因为不知道自己未来的反补贴率所对应的押金率,而面临未来订单的不确定,从而导致未来的生产不确定,这将会使得各种经营计划包括原材料采购、融资贷款、设备更新或添置等无法制订或制订了也难以实施。

为了应对这种不确定性,让美国进口商能够放心下单与保证自己生产经营的确定性,中国的出口商主要采取两个办法。一是自己在美国成立自己的关联公司,成为在美国海关备案的进口商,先把产品卖给自己的美国公司,由自己的美国公司作为备案进口商承担补缴关税的风险,起到了一个“防火墙”作用。二是努力和美国国内产业利害关系人达成和解,私下支付一定的和解费,以获得美国产业利害关系人在年度行政复审启动后90天内撤回对该公司的复审要求,这样该公司就可以维持原有的较低税率。

追溯征收反补贴税及其伴随的年度行政复审制度对中国出口商的有利之处是每年都有参加复审的机会。事实上,只要遵守美国法律法规,做到合规并做好风险评估,精心设计和仔细操作,中国出口商有可能利用美国的反补贴税命令,达到进入或重新占有美国市场的目的。

第三节　反补贴年度行政复审的准备工作

一、主动要求复审

为了确保本身作为出口商或生产商以及考虑到美国进口商的利益,中国应诉企业应在规定的时限内主动提出复审要求,然后根据本身具体条件如公司的结构、资料收集的难易、财务状况、实际出口量、可能获得的反补贴率等综合评估是否有必要继续完成全部复审的程序。如果申诉方没有对自己提出复审,中国企业仍然可以在复审启动后 90 天内撤回自己提出的申请,这样主动权就掌握在自己手中。例如,在光伏太阳能电池一案中,安吉大成就是通过主动参加 2017 年度的年度行政复审,获得了较低的平均补贴率。

二、预先准备和方案设计

本小节内容仅适用于打算参加年度行政复审的企业。为了获得反补贴年度行政复审的最佳结果,希望参与复审的企业首先须要根据初始立案调查时的补贴调查问卷对国内各级政府与补贴有关的政策进行分析评估。其次,企业还须根据补贴调查问卷对自身接受补贴的情况进行分析评估。主要需要分析评估的补贴项目为土地使用权的购买、原材料的国内采购以及银行贷款。最后,要在上述分析评估的基础上进行模拟测算补贴率。与初始立案调查一样,政府与企业之间的密切配合,预先共同制定应诉策略,并在复审开始后积极并科学的回答美国商务部的复审问卷是获胜的关键。

与反倾销年度行政复审相同,企业必须在复审涵盖期间实现至少一单对美涉案产品的销售,并由进口商完成美国海关通关手续。如果复审期间没有销售,企业应该准备一笔试验销售。与反倾销年度行政复审不同的是,试验销售的价格对反补贴年度行政复审的结果并无影响。由于大部分案件都是反倾销、反补贴并行进行,即使反倾销与反补贴的复审期间大部分情况下并不一致,但一般都存在重叠的时间段。正因为如此,所以对于试验销售的要求首先是要严格服从反倾销年度行政复审的需求,即试验销售的价格一定要根据企业生产涉案产品的单位消耗和适当的替代价格经测算正常价值,并参考美国市场的实际销售价格后决定。

反补贴年度行政复审不需要进行价格与成本分析,主要要做的是扩大销售额和寻找合适的外部基准价格。

第四节　出口补贴对反倾销调查和复审的影响

当反倾销与反补贴调查并行进行时,出口补贴按照法律规定[①]应该对同时进行的反倾销调查的出口价格进行调整。美国商务部的实际做法是在初始立案调查时,将反补贴调查裁定的出口补贴率从反倾销调查的倾销幅度中扣除得出反倾销的押金率。如污水铸铁管件一案,安徽崇商的出口补贴率是0.23%,倾销幅度是33.67%。从倾销幅度中减去出口补贴率便得到反倾销押金率为33.44%。而年度行政复审的情况则是将出口补贴率的贡献加到应诉企业对美出口涉案产品的出口价格或构造出口价格上。还是污水铸铁管件一案,安徽崇商的出口价格加上了出口补贴的调整,即出口价格加上出口价格乘以出口补贴率从而得到一个提升了的出口价格。显然,这样的结果会减少反倾销复审的倾销幅度。

① Tariff Act of 1930, SEC. 772(c)(1)(C).

第五节　其他仅与反补贴复审有关的特殊情形

一、复审默认立案调查期间确定的补贴项目

凡是在初始立案调查时已经被美国商务部裁定的补贴项目，年度行政复审时默认这些项目继续存在。由于复审期间的销售金额会有所变化，导致经过复审后的补贴率也会产生相应的改变。

二、第一次反补贴复审期间的例外情况

我们前面提到，反补贴第一次年度行政复审的期间一般是从反补贴调查的初裁公布之日起至美国商务部发布反补贴命令一年后的周年月之前的日历年年底，时间范围比较广，可能是一年半也可能不到一年。如果复审涵盖区间接近一年半的话，美国商务部可能会将实际复审的期间扩大到两个日历年。例如铝箔一案，第一次年度行政复审的期间是从 2017 年 8 月 14 日至 2018 年 12 月 31 日。① 美国商务部将确定补贴利益的时间扩大到 2017 和 2018 两个年度，并对这两个年度分别计算了补贴率。

另外一个例外的情况是三氯异氰尿酸的第一次年度行政复审。美国商务部 2014 年 2 月 24 日公布初步裁决并开始执行中止结税清算 120 天。美国国际贸易委员会 2014 年 11 月 7 日公布最终裁决，自中国进口的三氯异氰尿酸对美国国内产业造成了实质性损害的威胁。② 美国商

---

① *Certain Aluminum Foil from the People's Republic of China: Preliminary Results of the Countervailing Duty Administrative Review and Rescission of Review, in Part*; 2017 – 2018, 85 Federal Register 38861 (2020).

② *Chlorinated Isocyanurates from China and Japan, ITC Final Determinations*, 79 Federal Register 66404 (2014).

务部反补贴命令的正式下达是2014年11月13日,[1]并将ITC实质性损害威胁裁决公布之前进口商交纳的担保或保证金全部退还。然而,三氯异氰尿酸的第一次年度行政复审的期间是2014年2月4日至12月31日。[2]

① *Chlorinated Isocyanurates From the People's Republic of China: Countervailing Duty Order*, 79 Federal Register 67424 (2014).

② *Antidumping or Countervailing Duty Order, Finding, or Suspended Investigation; Opportunity To Request Administrative Review*, 80 Federal Register 67706 (2015).

第八章　应诉主体和应诉工作

美国反补贴调查与反倾销调查的最大不同点在于其二元应诉主体,即政府和企业都要应诉。应诉反补贴调查或复审的过程主要包含4部分工作:回答美国商务部的调查问卷;提交外部基准;准备和应对美国商务部的实地核查;起草案情摘要和检查行政错误。本章用五节的篇幅分别介绍上述内容。

第一节　反补贴调查中的应诉主体

一、谁是应诉主体

1. 中国政府

按照补贴的定义与可诉补贴项目的构成要件,各级政府显然都是所谓的权力机构。美国商务部在启动反补贴调查后会向中国政府发出调查问卷。政府或政府聘用的代理律师要回答问卷,主要是各级政府要回答提供了何种财政资助、财政资助的对象和范围、是否及如何授予了利益等。这就要求中央政府和地方政府之间的相互协调,政府各部门之间的互相配合。一般而言,一项反补贴调查通常会涉及各级商务主管部门、工商部门、财政部门、税收部门、海关、国家发展改革委员会的产业政策和定价部门、国土资源部、统计局,以及国有银行和国有企业(认定为权力或公共机构)等。目前一般都是由中国商务部分管局处牵头并聘用中外联合律师团队应诉。

2. 涉案企业

美国商务部在启动反补贴调查后会通过中国政府向涉案企业转交或通过代理律师直接向涉案企业发出调查问卷,要求企业回答从政府接受了哪些补贴,这些补贴的批准日期和实际获得或收到利益的时间。由于反补贴调查同时涉及政府和企业,因此政府有关部门和应诉企业之间必须密切协调,保证回答调查问卷的一致性。

二、应诉主体将会受到的影响

1. 政府的政策、计划、治理模式可能要做调整

一项反补贴调查对涉案国政府影响较大,尤其是因为某些补贴会触及体制层面。比如何种补贴须坚持或放弃,政府各种公开文件的措辞,政府政策制定和实施过程的透明度等可能都会面临挑战。

2. 企业的经营方式可能要发生变化

主要是企业如何对待各级政府的优惠政策。如申请不申请、接受不接受政府提供的各类补贴;如何向银行借钱、借多少钱、向哪些银行借钱等。

3. 麻烦但并不可怕

主要的麻烦是把政府各部门拖进来,政府和企业都要应诉,特别是一些地方政府。之所以不可怕,一是计算补贴率没有像计算倾销幅度那么复杂;二是反补贴税率一般没有像倾销幅度或反倾销税率那么高。另外,补贴率在某种程度上比较容易预测,这样使企业可以在技术层面上降低反补贴的杀伤力。例如,通过建立普适模型进行监测,设法减小各类补贴的金额,增加出口产品或所有产品的销售。

第二节　回答美国商务部的调查问卷

美国政府的反补贴调查与反倾销调查的方式基本相同，都是通过发放问卷来获得所需要的信息，然后根据法律法规作出裁决。美国商务部的补贴调查问卷分为三部分。①

第一部分是一个问卷指南，扼要介绍问卷的目的并包括以下内容：(1)强制调查企业的名单；(2)被调查产品的范围和调查期；(3)填写与提交答卷时应当遵守的规定、要求与格式等。第二部分是发给政府的问卷包括一般问题、与具体补贴项目有关的问题、某些必须提交的附件等。第三部分是发给强制调查企业的问卷包括关联关系问题、一般问题、与具体补贴项目有关的问题、某些必须提交的附件等。我们在此仅简单介绍第三部分，即调查问卷中针对企业的内容。

一、关联关系问题

问卷中关联关系问题这一节共有 4 个问题需要回答并且要求提前提交答复，实际相当于一个单独提交的问卷。美国商务部要求在问卷发出的 14 天内就必须提交，以便决定哪些企业需要回答完整的反补贴调查问卷。

1. 问题 A

是否有在调查期间提供涉案产品给强制调查企业的生产商？这些

① See Department of Commerce, *Countervailing Duty Investigation of Certain Non-Refillable Steel Cylinders from People's Republic of China Investigation*: *Countervailing Duty Questionnaire*, dated May 11, 2020; See also Department of Commerce, *Countervailing Duty Investigation of Certain Walk-Behind Lawn Mowers and Parts Thereof from the People's Republic of China*: *Countervailing Duty Questionnaire*, dated July 7, 2020.

生产商必须回答并提交完整的反补贴调查问卷。

2. 问题B

是否有在调查期间向美国出口由强制调查企业生产的涉案产品的出口商？这些出口商必须回答并提交完整的反补贴调查问卷。

3. 问题C

要求报告所有的关联企业并详细描述关联的性质，特别是那些具有交叉拥有关系的关联企业。交叉拥有关系的定义是一家企业可以像使用自己的资产一样使用另外一家企业的资产，一般具有多数或控股股权就可以被认为交叉拥有关系成立。此外，两家企业同时与第三家企业交叉拥有，那么他们之间也存在交叉拥有关系。如果与强制调查企业交叉拥有的关联企业：(1)或生产涉案产品；(2)或是自身也运营的控股母公司；(3)或向强制调查企业提供上游投入产品；(4)或本身收到补贴并转移给强制调查企业。那么，这些关联企业也必须回答并提交完整的反补贴调查问卷。

4. 问题D

要求报告强制调查企业历史上的股东和有关的股权变化。特别当强制调查企业曾经获得过另外一家企业的全部或大部分资产，且该企业仍在运营，则该企业也要回答并提交完整的反补贴调查问卷。

二、一般问题

问卷中一般问题这一节共有三个大问题需要回答。

1. 问题A

这部分主要是关于强制应诉企业的一些基本信息。这些信息包括：(1)公司总部、工厂和出口设施的地址；(2)公司历史，企业性质(外商投资企业、生产型外商投资企业、国有企业、内资企业等)，公司生产和销售的产品，股东、董事及高管的名称和职务描述，是否被各级政府树立为支柱企业、鼓励企业、关键企业、荣誉企业或其他的称号;(3)涉案产品的生产流程图;(4)是否出口其他公司生产的涉案产品;(5)提交最近3年的审计报告;(6)调查期间向税务局提交的所得税申报表;(7)最新的公司注册文件(营业执照);(8)提供涉案产品的美国或中国海关编码。

2. 问题B

提交公司调查期间产品销售数量和金额的信息。包括总销售、涉案产品的销售、总出口、对美国的总出口、涉案产品的出口、涉案产品对美国的出口。此外,还要解释公司的财务系统是如何记录这些销售数据的,是否存在合并销售的情况等。

对于之前年度的非重复或一次性补贴,还需要提交这些补贴批准和收到补贴利益年度的有关销售数据(一般主要包括出口销售与总销售)。

3. 问题C

非重复或一次性补贴需要在有形资产如生产设备等的平均使用寿命上进行分摊。按照各个行业的特点,平均使用寿命的确定根据美国国税局的折旧标准决定。此问题要求企业回答是否同意美国商务部选择的平均使用寿命,如不同意可以挑战并提出理由。

三、与具体补贴项目有关的问题

这是企业问卷的核心部分,基本按照补贴项目的类别分别回答有关政府拨款、补助、奖励;贷款、信贷和信贷担保;所得税或增值税减免优惠;低价提供原材料、电、土地使用权等问题。除了直接回答问题以外有时还要提交有关的附件。

四、某些必须提交的附件

美国商务部针对不同的补贴项目设计了一些标准的附件。主要有标准问题附件、平均使用寿命附件、拨款和分摊附件、所得税项目附件、政府投资或股权注入附件、股权改变附件等。此外,还有一些特别设计的模本表格如贷款模本、原材料投入模本、用电模本、增值税和进口关税减免模本等。

第三节　寻找外部比较基准

前面的章节中提到,需要寻找的外部比较基准主要为贷款利率、低价供应原材料、低价出让土地使用权。其中贷款利率和低价出让土地使用权这两个基准目前都是由美国商务部自己提供,而低价供应原材料的外部基准一般要求利害关系方提交有关数据。

反补贴调查中选取原材料的外部基准价格与反倾销调查中原材料的替代价是有区别的。反倾销的替代价一般是调查期内替代国的平均进口价(排除中国、非市场经济国家和存在一般出口补贴国家的价格),反补贴的外部基准价格一般是调查期内世界各国(排除中国)的月平均出口价或世界(国际)原材料市场的月平均价。利害关系方寻求外部基准价格的主要工作包括:(1)数据的搜集和比较;(2)数据的分析和提交;(3)针对对方数据的评论和反驳。

外部基准价格的资料一般源于:(1)钢铁研究机构麦普斯国际(MEPS);(2)美国金属市场(AMM);(3)普氏指数(Platts);(4)联合国商品贸易统计数据库出口数据(Comtrade Export);(5)伦敦金属交易所(LME);(6)国际贸易中心出口数据(ITC Trade Map);(7)全球贸易数据库(Global Trade Atlas)出口数据;(8)贸易数据监控(Trade Data

Monitor)出口数据。

我们在第五章曾经提到,这样获得的价格还要加上海运费、可能的保险费用、进口关税和增值税、内陆运费等,形成最后的外部比较基准。其中海运费数据一般来源于马士基的网上报价,取一些世界主要港口到中国主要港口的月报价平均值。进口关税和增值税源于中国海关的税则规定。内陆运费一般来源于应诉企业采购原材料所支付的实际运费,如果是供应商送货到门,则可参考销售产品支付的运费或出口产品支付的到港口的运费作为替代,否则有可能被适用外部替代价。[①] 关于外部基准价格的计算可参见附录一表4。

第四节　准备和通过实地核查

美国反倾销、反补贴法律要求美国商务部对于准备在初始立案调查终裁裁决中使用的信息无一例外地进行核查,[②]这个核查一般在初裁后实施。同样,法律也要求美国商务部对行政复审的终裁中使用的信息进行核查,但这个核查一般在初裁前实施。大多数情况下,美国商务部一定会对新出口商复审进行核查,对常规年度行政复审则一般每隔两次复审进行一次核查。如果有正当理由比如案件出现异常情况,也会在任何一个复审年度进行核查。[③] 无论上述哪种情形,核查的目的是对初始立案调查或行政复审问卷的答卷内容与应诉企业的原始资料和数据进行核对,以确保所有记录上的信息都是准确可靠的。由于美国

---

① See Department of Commerce, *Decision Memorandum for the Preliminary Determination of the Countervailing Duty Investigation of Certain Walk-Behind Lawn Mowers and Parts Thereof from the People's Republic of China*, dated October 23, 2020.

② Tariff Act of 1930, SEC. 782(i).

③ 19 C.F.R. 351.307.

商务部的负责官员将实地访问应诉企业，在应诉企业的所在地进行核查，所以又称“实地核查”（On-site Verification）。核查是反补贴调查中最为关键的一环，了解核查的内容、为核查做好充分准备并顺利通过核查是应诉企业的工作人员和代理律师的责任和义务。

一、核查的主要内容

反补贴实地核查的主要内容包括应诉企业的一般情况、需要审查的补贴项目、没有使用的补贴项目三大部分，基本对应反补贴企业问卷的相关部分。

1. 应诉企业的一般情况

主要对应诉企业的会计系统、公司历史、组织结构、关联关系、交叉拥有关系、销售过程和各类销售收入等进行核查。尤其重要的是调查期间的出口销售收入和总销售收入都必须能够与销售收入明细账、总账、年度财务报告或经过审计的财务报表上的销售收入相吻合。

2. 需要审查的补贴项目

重点对企业报告并被确认为可反补贴的项目进行核查。除了补贴利益金额较大而被计入了反补贴率计算的那些补贴项目之外，由于金额较小而未被计入反补贴率计算的那些补贴项目有时也会被全部核查。这部分内容中通常比较花费时间的是对低价提供生产要素和贷款项目的核查。对于土地使用权或仍处于平均使用寿命内的固定资产等有关的补贴项目，还要核查补贴批准年度的销售收入、批准补贴的文件与收到补贴的会计记录等。

3. 没有使用的补贴项目

对这部分补贴项目的核查基本是随机抽查有关的会计账目，如其他应收款、其他应付款、补贴收入、其他收入、营业外收入等科目。通常还会要求企业财务人员运行计算机会计软件并在现场观看和打印有关的会计账页截屏。

二、核查的准备

通常美国商务部在核查开始前一两周将核查大纲(Verification Agenda or Outline)发给应诉企业。核查大纲的作用主要是告知应诉企业必须提前准备的核查资料。美国商务部在大纲中说明了核查的内容,即将要核查什么项目,审查哪些文件、核查的先后顺序等。代理律师应当尽早获得核查大纲,指导应诉企业人员准备相关文件。

核查开始之前,应诉企业应按核查大纲事先准备好支持答卷内容的所有文件包括完整的原始资料和数据。由于美国商务部的核查人员在核查期间会要求复印一些文件以作为核查报告的附件,因此要事先将可能需要的完整支持文件的复印件准备好,并将中文翻译成英文。原始资料和数据一般包括:(1)财务报表、总账和明细分类账、会计科目表;(2)涉案产品的销售文件如订单、合同、发票、发货通知和提单等;(3)原材料采购的采购协议、采购发票、付款凭证和银行对账单等;(4)贷款申请、批准通知、贷款合同、支付利息和本金的凭证等;(5)拨款申请和批准文件、收款记录和凭证;(6)所得税纳税申报表原件与所得税汇算清缴的表格和交税凭证;(7)公司的营业执照、注册和批准证书、备案登记表、验资报告等。

由于核查大纲上要求的文件及信息必须在核查人员到达之前全部准备好,且核查内容十分广泛,时间又非常紧,所以代理律师要提前向应诉企业曾经参与回答填写过调查问卷的行政、财务、销售、采购等人员详细介绍一下核查内容、程序以及准备文件的类型,再次确认提交的问卷答卷中的数据必须同应诉企业的财务系统中的数据相一致。一般情况下,代理律师应在核查开始之前三四天到达应诉企业,实地检验核查准备情况,最好进行一次核查的模拟演练。

三、核查的过程

一般美国商务部派两名核查官员来到中国的应诉企业,进行为期3天至5天的实地核查。核查开始的第一天,美国商务部核查官员允许应诉企业提交对在准备核查过程中发现的微小错误及其修正。这种需要修正的错误必须是微小的,通常要求最多不能超过被修正量的百分之几。另外这些错误还必须是行政性的,即加、减、乘、除等算数类型的,数据引用或拷贝的错误等。应诉企业是否报告错误和提交修正是有技巧的。我们的建议是,如果涉及的微小错误对补贴率的计算有利,一定要报告并提交对该错误的修正。反过来,对于一些对补贴率的计算不利但影响不大的错误,不一定要主动报告提交,可以留给核查官员让他们自己去发现。如果发现之前的问卷答卷中有漏报的信息,此时是否主动报告取决于许多因素,可能需要根据具体案件的得失、现场气氛、与核查官员的关系等临时机断。[①] 应诉企业应在核查开始时,向美国商务部核查人员提供关于微小错误的清单、显示错误的原始文件和计算过程,以及改正这些错误可能造成的数量变化。如果美国商务部核查官员同意接受这些新的信息,在核查开始后两个工作日内,应诉企业应将上述新的信息提交给美国商务部,并按法律要求的份数送达各利害关系方。

值得注意的是,核查不能作为应诉企业提供新的事实信息的一次机会,只有在下列3种情况下,美国商务部才有可能接受应诉企业在核查中提供的新信息:(1)以前对该信息的需求不明显;(2)对已经放入案卷记录的信息进行细微修改的信息;(3)对已放入案卷记录的信息起到印证、支持或澄清作用的信息。

---

① 读者可以参见第十章第三节关于三氯异氰尿酸反补贴调查的案例故事。

如果应诉企业未能在适当的时间内准备好文件用以支持或解释调查问卷答卷中的某个问题,那么核查官员一般将开始对下一个问题进行核查,并会在当天核查工作结束时留下“家庭作业”以便第二天继续核查该问题。如果由于时间紧迫而不能返回到该问题,那么美国商务部将认为该问题是未经核查的。一旦核查要求提供的信息未能提供或没有通过核查,那么美国商务部将采用“可获得事实”,包括申请方提供的信息等,作出终裁。

在核查中,每个关键部门,比如财务、销售、采购等,都要有专人负责。各部门的有关人员对核查官员提出的任何问题,以及提出这些问题的目的都要有透彻的理解,以便从容应对。参加回答填写问卷的人员要有明确的分工,比如谁出面上场回答问题,谁在场外准备资料等。上场的人最好要了解应诉的全过程并熟悉企业的情况,或者至少要对自己负责的部分非常精通,而且头脑反应一定要快。回答问题前要仔细听清问题问得是什么,特别当问题翻译的不明确或不准确时要再次询问清楚。回答要尽量简短,宁可少说绝不多说。如果有关人员回答有误,公司负责人一定要立即纠正,否则美国商务部核查官员将把不正确的回答记录在案,以后很难抗辩。如果对某些问题的回答需要内部商讨,一定要去另外的地方,而不要在核查官员的面前用中文大声讨论商量。不要忘记,除了翻译外,现在有不少的核查官员是听得懂汉语的。

除非发生重大或突发的事件,以致核查难以继续,美国律师一般不宜频频代替公司员工回答问题,这样会招致核查人员的反感并引起怀疑。但如果有英语流利的中国或华裔代理律师,许多情况下,美国商务部核查官员并不反对他们的积极参与。实践中,最好是当代理律师发现有异常情况时,将情况向公司英文较好的负责人员说明后,由公司的负责人员亲自向美国商务部的核查官员澄清。由于现场核查成功与否直接关系到终裁反补贴率的高低,应诉企业要全力以赴,直到美国商务部核查官员离开核查现场的最后一刻。

第五节　案情摘要和行政错误

同反倾销调查一样,无论是初始立案调查还是年度行政复审,如同象棋中的开局、中局和残局一样,整个反补贴应诉过程大致也可以分为开始、中间和收尾三个阶段。

在开始阶段或开局中,应诉企业的主要工作是选择自己的代理律师、尽快与政府商务部门及其代理律师取得联系并制定相应的应诉策略和方案,有时还要回答美国商务部的数量金额小问卷。

在中间阶段或中局中,应诉企业的主要工作是回答美国商务部复杂冗长的调查问卷及补充问卷,寻找合适有利的外部基准价格,以书面形式向美国商务部陈述事实、提交评论意见和法律观点,反驳申请方的各种非难评论,应付美国商务部的实地核查。这一阶段是应诉工作的重点和大头,应诉企业的主要时间和精力基本都花费在这部分工作上。凡参加过反补贴应诉的中国企业都对上述这两个阶段有着刻骨铭心的记忆。

最后一个阶段即收尾阶段或残局的工作一般始于初裁或实地核查结束之后。主要有两方面的工作:第一,代理律师要向美国商务部提交案情摘要和反击对方律师案情摘要的辩驳摘要;第二,代理律师要检查分析美国商务部计算反补贴率的程序及结果,及时提交发现行政性(计算)错误的报告。正确利用案情摘要和发现行政性错误有可能大幅降低反补贴率,这是非常值得中国应诉企业重视的两个环节。起草和提交案情摘要主要针对的是美国商务部的初裁与核查报告,所以我们首先介绍初裁的各种文件以及核查报告。

一、初裁文件与核查报告

反补贴初裁的文件很多，主要包括初裁通知及公告、裁决备忘录、补贴计算备忘录、补贴计算数据等。其中初裁通知和裁决备忘录为公开文件也是最重要的文件，而补贴计算备忘录和补贴计算数据为保密文件，仅仅发给应诉企业和其代理人。

1. 初裁通知

初裁通知一般先简单介绍案情背景和进展状况，然后确定调查范围，说明调查的方法。通知最重要的部分是公布初步裁定的补贴率，包括强制调查企业的单独补贴率、其他企业的平均补贴率和不合作企业的惩罚补贴率。此外，初裁通知还要指示海关中止清算并要求美国进口商开始交纳反补贴担保或现金保证金。最后，通知还会告知何时披露计算文件、实地核查的安排以及提交案情摘要和反驳摘要的时限等。

2. 裁决备忘录

初裁的裁决备忘录一开始是更加详细的介绍案情背景和进展状况，然后给出确定调查范围的理由并审查关于调查范围的评议以及处理意见。初始立案调查的初裁备忘录还会提到损害测试，测试结果基本是依据美国国际贸易委员会的初裁。一般会有一小段文字涉及中国的经济多元化，主要是表示美国商务部自己在案件的文档记录中放入了一些关于中国工业门类和经济活动多元化的文件，其目的是用于证明中国国内补贴的专项性。之后一般是关于分摊期间、归属和分母的确定。接下来有一大段是关于使用既有事实和进行不利推定的理由，主要针对政策性贷款、低于补偿提供货物和服务（原材料、用电和土地使用权）、出口买方信贷等。再下来是关于贷款外部基准利率和原材料投入外部基准价格的确定方法，最后是对各个具体补贴项目的分析。

3. 核查报告

核查报告主要记录美国商务部核查官员在核查过程中的发现，基本按照核查大纲的内容和顺序由核查官员撰写。其中最需要重视的是如果出现了某些对应诉企业不利的情况描述，必须要设法在案情摘要中明确澄清并指正。

二、案情摘要和反驳摘要

与反倾销调查相同，在一个反补贴的初始立案调查或行政复审中，任何利害关系人可以向美国商务部提交案情摘要，表明其对具体调查或复审案卷记录中某些信息的立场以及针对美国商务部某些裁决或判定的观点。按照美国商务部条例的规定，[①]初始立案调查的案情摘要应于初裁公布后的 50 天内提交，年度行政复审的案情摘要应于初裁公布后的 30 天内提交。如果有实地核查的话，案情摘要大多数在最后一份核查报告公布后的 7 天内提交。少数情况下有时甚至可以在终裁前大约一到两个月左右提交。反驳摘要一般必须在案情摘要截止之日起 5 天内提交。美国商务部一般会在初裁通知中给出关于案情摘要和反驳摘要的大致安排，但实践中也经常会对提交案情摘要和反驳摘要的具体时间发出一个正式通知。

案情摘要是对整个调查或复审进行当中所有与最终裁决有关的重要论点的汇总，必须包含利害关系人认为相关的所有理由，以便美国商务部在终裁中有机会阐明这些问题。作为案情摘要和反驳摘要的一部分，利害关系人应当提交一份不超过 5 页的内容总结，以及所引用的法律、条例与案例目录。

通常案情摘要包括对核查报告与初裁的评论。大部分情况下，案

① 19 C. F. R. 351. 309.

情摘要的内容都是对归属和分母的确定、低于补偿提供货物和服务的专项性、是否应当采用可获得的事实(又称既有事实或可获得的最佳信息)进行不利推定、如何选取外部基准价格以及对具体补贴项目的确定和补贴率的计算等进行评议和提出意见,有时也会报告或重申初裁中的行政性错误等。实际上,案情摘要的主要目的就是反对美国商务部的某些对己方的不利裁决,肯定美国商务部的某些对己方的有利裁决。反驳摘要的主要目的和内容只能是批驳对方案情摘要中的观点,有时可以借对对方律师的案情摘要进行辩驳的机会进一步阐述或强化自己案情摘要中不够明确或不够有力的论点。上述两份摘要在美国商务部召开的听证会上为必备文件,均不得包含新的事实信息,否则商务部拒绝接受。

美国商务部必须要在其终裁的问题与决定备忘录中对两份摘要所涉及的观点逐一给出裁决意见。此外,这些摘要和美国商务部的裁决备忘录构成未来向美国国际贸易法庭和联邦巡回上诉法庭要求司法审查或上诉的基础。因此,案情摘要和辩驳摘要的作用极为重要。由于语言、文化和国情的关系,这项如此重要的工作一般都是由美国律师担任,同时书写这些摘要也是体现一个美国律师的法律和文字功底的极好机会。事实上,好的美国律师正是通过案情摘要和辩驳摘要引导美国商务部的调查官员接受对中国应诉企业有利的外部基准,推翻美国商务部采用既有事实进行不利推定的初步结论。如果预见到美国商务部的调查官员将会坚持他们对中国应诉企业的不公正态度与做法,有经验的美国律师则会在案情摘要和辩驳摘要中设置机关,尽量穷尽行政救济,充分列举辩护要点和相关案例,以便在后来的司法审查和上诉中帮助法官发现美国商务部的终裁缺乏记录在案的实质性证据的支持或不符合相关法律,促使法官把美国商务部的终裁决定驳回重审。

虽然案情摘要和辩驳摘要主要由美国律师起草,但中国应诉企业和国内代理律师在可能的情况下应尽量过目并提出补充或修改意见，尤其是关于事实部分(这一部分往往是美国律师最易出错或最不清楚的，而中国应诉企业和国内代理律师最清楚的)，以保证这些摘要对有关事实陈述准确、对有关技术问题描述精确。一个可喜的现象是，近年来随着中国青年律师英文读写能力的提高，已经出现不少由中国律师起草甚至提交案情摘要和辩驳摘要的实例。[①]

三、检查和提交行政错误

1. 初裁反补贴率计算方法的披露

与反倾销调查相同，为了提高透明度，美国商务部在初裁公布之日起 5 日或更早的时间内向申请方和应诉方完整披露反补贴率的所有计算方法，包括其使用的打印出来的数据、使用的工作表，以及相关的计算备忘录。参加程序的任何一方都给予一个对初裁中可能出现的计算错误进行评议的机会。

如果是初始立案调查的初裁，计算方法和文件披露后 5 天之内，申请方或应诉方可以要求美国商务部更改“显著的行政性错误”(significant ministerial errors)。行政性错误被定义为加、减或其他算术方面的错误，因复印、复制的不准确而产生的文书错误，以及其他类型的无意识错误。[②] 而显著行政性错误被定义为可能造成反补贴率至少绝对 5 个百分点以及相对 25% 的变化，或造成零或微量不计的反补贴率与微量不计以上反补贴率的差异。[③] 美国商务部通常会在初裁结果公布后 30 天内修改显著行政性错误。年度行政复审初裁的任何行政错误只能在案

---

① 例如北京市长安律师事务所的律师就起草了成排码钉、非重装钢瓶、割草机等反补贴调查的案情摘要或反驳摘要，起草并提交了扎带反补贴调查的案情摘要。

② 19. C. F. R. 351. 224(f).

③ 19. C. F. R. 351. 224(g).

情摘要中报告并于终裁时进行修正。

初始立案调查的初步裁决有着十分重要且非常特殊的意义。因为如果初裁是肯定性的，则美国商务部开始采取临时反补贴措施，即指示美国海关中止对进口涉案产品的清关结算，并要求进口商按照初裁决定的反补贴率开始交纳担保或保证金。换句话说，从初裁公布之日起进口商开始承担日后缴纳反补贴税的风险。

应诉企业如在立案调查的初裁中获得零或较低的补贴率，其最大好处是可以在终裁前继续向美国出口涉案产品，而不用担心其进口商将来被追缴较高的反补贴税。这便是多退少不补原则的体现。与反倾销调查类似，是否应该精确设计以期在立案调查的初裁中获得一个零或较低的反补贴率，取决于应诉企业的决心、能力和对未来美国市场的合理评估。

初裁获得零或较低补贴率的唯一弊处是美国商务部和美国申诉方可能会紧盯不放，拼命寻找各种借口将终裁反补贴率提高，例如提出新的补贴指控等，尤其在通过美国商务部的实地核查时难度可能会增加。

2. 终裁反补贴率计算方法的披露

同初裁阶段情形相同，美国商务部在终裁结果发布之日起 5 天之内将向应诉方和申请方披露反补贴率的计算方法，包括计算机程序和工作底表，以及相关的计算备忘录。

应诉方和申请方的律师都会认真审查美国商务部的计算，以便发现是否存在行政性错误。如果发现存在任何行政性错误，法规要求美国商务部应当更改反补贴率并正式公布修正的终裁结果。实际案例中，常见的行政性错误多出现于数据库中的数据引用、复制或选用函数不当等造成。这些错误必须在美国商务部披露其反补贴率计算方法后

5 天内向美国商务部书面正式报告。[①] 同初裁的情形不同,终裁中的所有行政性错误都将予以更改,而不仅仅是显著的行政性错误。

3. 如何发现行政错误

行政性错误的纠正经常可以导致反补贴率的降低。因此在应诉美国商务部的反补贴调查或复审过程中,无论初裁和终裁,每当裁决发布之日,应诉企业和代理律师都要尽快要求美国商务部提供所有有关的税率计算披露文件,并且一定要认真仔细的分析税率计算的程序和结果。这方面所需的知识和技能除了懂一点数据库操作外,主要是对补贴利益的确定和补贴率的计算方法要有比较深入的了解,当然对具体案情的熟悉也是必不可少的重要因素。

例如我们之前曾经提到的铸铁污水管件一案。强制调查企业安徽崇商在初裁时的反补贴率为 12.72% 。经过仔细检查美国商务部的补贴计算过程,发现美国商务部在计算废钢铁和生铁的外部基准价格时,重复计算了从港口到工厂的运输距离。这一错误造成了超过 5 个百分点的补贴率升高,属于显著行政性错误。由于及时提交了有关显著行政性错误的评议报告,美国商务部接受了我们的意见并将初裁的反补贴率修正为 7.37% 。[②] 在非重复充装焊接钢瓶一案中,武义西林德公司初裁的反补贴率为 22.92% 。[③] 经检查发现美国商务部的补贴计算出现了 3 处行政性错误,即在计算低价提供冷轧钢卷的补贴利益时使用了错误的内陆运费、在计算贷款的补贴利益时输入了错误的计算公式,在计算出口补贴利益的分摊时引用了错误的数据源。我们及时向美国商

---

① 19. C. F. R. 351. 122 (C) (2).

② *Cast Iron Soil Pipe Fittings from China*: *Amended Preliminary Determination of Countervailing Duty Investigation*, 83 Federal Register 2768 (2018).

③ See Department of Commerce, *Preliminary Calculations for Wuyi Xilinde Machinery Manufacture Co. , Ltd. , (Wuyi Xilinde) in Countervailing Duty Investigations of Certain Non-Refillable Steel Cylinders from the People's Republic of China*, dated August 28, 2020.

务部报告了这些错误，指出实际的汇总反补贴率应该为17.99%。由于这些错误合并起来对补贴率的影响不到5个百分点，美国商务部仅仅是正式发文确认这些错误并同意在终裁时修正。后来申诉方也发现了两处对武义西林德公司有利的行政错误，并在其案情摘要中做了报告。美国商务部最终在其终裁时对双方提出的行政错误都做了修正，武义西林德公司终裁的反补贴率降为18.37%。①

通过前面的讨论我们可以看到，经过仔细分析和努力抗争，反补贴率较之初裁或终裁的结果是有可能大幅度下降的。对于中国企业来说，应诉反补贴调查或复审的工作的确是费时、费力、费钱。然而不战则已，战则到底，胜负输赢往往在最后一刻才见分晓。

① *Certain Non-Refillable Steel Cylinders from the People's Republic of China: Final Affirmative Countervailing Duty Determination*, 86 Federal Register 15192 (2021).

第九章　美国针对中国反补贴的历史和现状

本章首先回顾美国对中国发起反补贴调查的历史过程,接着介绍最近出现的一些法律法规方面的变化以及美国商务部在实施调查中已经形成的一些习惯做法。

第一节　美国对中国反补贴调查的历史回顾

一、乔治城钢铁一案简介

1984 年 5 月 7 日,美国商务部对进口来自捷克斯洛伐克和波兰的碳钢盘条的反补贴调查作出否定性终裁裁决。理由是该两国为非市场经济体,而补贴是仅存在于市场经济中的现象。此外,在非市场经济中没有量化补贴的参照标准。乔治城钢铁公司是一家位于南卡州的美国生产碳钢盘条的公司,也是该案的申诉方之一。美国申诉方将商务部的终裁裁决上诉至美国国际贸易法院,该法院于 1985 年驳回美国商务部的决定。此案随后又被上诉至联邦巡回上诉法院,上诉法院于 1986 年将美国国际贸易法院的判决驳回,美国商务部的终裁裁决以及不将反补贴法适用于非市场经济国家的政策被肯定。从此,美国商务部没有一例对非市场经济国家的产品采取反补贴措施的案件。

二、美国政策的转变

2006年11月21日针对进口中国铜版纸发起反补贴调查是十五年来，即自1991年美国商务部对进口来自中国的镀铬螺母和吊扇发起反补贴调查（依据乔治城钢铁案的裁决，没有采取反补贴措施）以来的第一次针对中国的并采取了临时反补贴措施的反补贴调查。这次调查的发起将要求美国商务部重新考虑其长期实施的反补贴法不适用于非市场经济国家这一政策。

美国商务部于2007年3月30日公布初步裁决，对中国铜版纸应诉企业实际计算了补贴率并采取了临时反补贴措施，创造了先例。2007年10月25日美国商务部的最终裁决维持了初裁的决定，①继续裁定可反补贴存在。② 这样，美国商务部就改变了其实行了23年的反补贴法不适用于非市场经济国家的政策，基于中国当前的经济与20世纪80年代苏联式的经济存在显著的区别，美国反补贴法可以适用来自中国的进口产品。这样便出现了政策不合逻辑、互相矛盾的现象。为了反倾销的目的，中国是一个非市场经济体，而为了反补贴的目的，中国的经济发生了很大的变化，市场力量在许多领域起作用，暗喻中国已经是一个市场经济体。然而正是基于这种互相矛盾的政策，美国商务部理所当然地认为可以对中国同时适用非市场经济反倾销规则和市场经济反补贴规则。③ 自2007年以来，

---

① *Coated Free Sheet Paper from the People's Republic of China: Final Affirmative Countervailing Duty Determination*, 72 Federal Register 60645 (2007), and *accompanying Issues and Decision Memorandum* (*CFS IDM*) *at Comment* 6.

② 此案最终由于被美国国际贸易委员会裁定无实质损害或损害威胁而终止。

③ 前两小节的内容可参见本书作者叶晓明2007年4月10日在中国工业经济联合会主办的国际贸易争端形势分析会上作的有关美国对华反补贴调查的讲演，《从美国对我铜版纸反补贴案看美国对华贸易措施的走向及对中国的影响》。这次会议于铜版纸反补贴调查初裁公布后仅10天举办，是第一次全国性机构主办的会议上介绍美国对中国产品的反补贴调查。

美国商务部效仿铜版纸的案例,对中国产品发起了几十例反补贴调查。

三、非公路轮胎一案司法审查的结果

GPX 国际轮胎公司及河北兴茂轮胎公司在非公路轮胎一案的反补贴命令下达后向美国国际贸易法院提请司法审查,经过几轮发回美国商务部重审后,国际贸易法院于 2010 年 8 月裁定美国商务部或者放弃对中国产品征收反补贴税,或者修改针对非市场经济国家的反倾销与反补贴的政策和程序。① 有关 GPX 国际轮胎公司和河北兴茂轮胎有限公司诉美国政府案在美国国际贸易法院的审理进程,读者可以参考普德、德灵、黎宇关于这一诉讼的解读。② 美国商务部不服国际贸易法院的判决,上诉至联邦巡回上诉法院,然而上诉法院以不同的角度支持了国际贸易法院的裁决,③于 2011 年 12 月 19 日直接裁定美国的反补贴法不适用于非市场经济国家。

四、美国国会修改法律

联邦巡回上诉法院的裁决如平地一声炸雷,令美国的许多国内产业顿时慌了手脚,因为这无疑使他们在同中国产品的贸易和竞争中失去了一个非常有效的保护伞。于是美国国会参议院于 2012 年 3 月 5 日,美国国会众议院于 2012 年 3 月 6 日紧急立法,通过了修改的关税法

---

① See Court of International Trade, *GPX Int'l Tire Corp. v. United States* (“*GPX I*”), 645 F. Supp. 2d 1231, 1240 (Ct. Int'l Trade 2009); See also Court of International Trade, *GPX Int'l Tire Corp. v. United States* (“*GPX III*”), No. 08 – 00285, 2010 WL 3835022 (Ct. Int'l Trade Oct. 1, 2010).

② 普德、德灵、黎宇:《美国针对中国采取的贸易救济措施被判决无效:GPX 工程轮胎诉讼案的重要意义》,载中国商务部公平贸易局网站 2011 年 10 月 29 日, http://gpj.mofcom.gov.cn/article/d/da/201110/20111007802518.html。

③ See Court of Appeals for Federal Circuit, *GPX Intl Tire Corp v. US*, CAFC (December 19, 2011).

案，几天之后由奥巴马总统签署生效。这就是2012年3月13日正式颁布的公法112－99，[①]该法案包括两项针对非市场经济国家进行反补贴调查的条款。第一项条款是在《1930年关税法》第701节增加了(f)小节，[②]授予美国商务部有对非市场经济国家发起反补贴调查的权利。法律的效力追溯至2006年11月20日，正好就是美国商务部对进口中国铜版纸发起反补贴调查的前一天。至此，美国完成了对非市场经济国家发起反补贴调查的立法工作，法律方面的障碍不复存在了。

第二节　美国对中国反补贴调查的现状

自从铜版纸一案以来，美国商务部也是通过对中国进行的一系列反补贴调查不断积累经验，形成了一套比较成熟的做法。我们这一节首先介绍美国反补贴法律法规方面的两项改进与增补，然后汇总分散在前面章节中提到过的一些已经形成惯例的裁定。需要特别强调指出的是，这里汇集罗列的裁决惯例都是我们认为不合理的，希望将来有人能够继续在美国国际贸易法院或联邦巡回上诉法院挑战美国商务部的这些做法，并最终迫使美国商务部改变其不公正、不合理的裁决惯例。

一、对双重救济进行调整的方法

美国商务部在反补贴调查中认定低价获得原材料、电力等生产要素为可反的国内补贴，并采用与外部基准价格相比较的方式将该补贴的利益计入汇总的补贴率。但同时美国商务部将中国视为非市场经济

① Public Law 112 - 99, Section 1. Application of Countervailing Duty Provisions to Nonmarket Economy Countries.

② Tariff Act of 1930, SEC. 701(f) (19 U. S. C. 1671).

国家,采用生产要素的方法和无补贴的替代价格计算中国企业的制造成本,于是这样构造出来的制造成本比由于所谓国内补贴造成的本来应该降低的制造成本更高,从而导致一个人为偏高的构造正常价值,最终产生一个偏高的倾销幅度。或者用另一种方式理解是,美国商务部用不包含任何补贴的构造正常价值与由于国内补贴造成的较低的出口价格比较,结果计算出一个偏高的倾销幅度。于是我们看到在同时进行的反倾销调查和反补贴调查中出现了双重救济。

公法 112 – 99 第 2 项条款①是在《1930 年关税法》第 777A 节增加了(f)小节,②规定在何种情形下美国商务部可以对倾销幅度进行调整以便排除双重救济。

根据该条款,国内补贴能不能冲减倾销幅度以及能冲减多少取决于三个条件:(1)存在一项国内补贴;(2)该补贴被证明降低了出口价格;(3)能够合理估计导致出口价格降低的国内补贴并结合考虑非市场经济生产要素方法的使用对倾销幅度的提高程度。实际操作中,第二和第三个条件都很难满足。也就是说,既要证明国内补贴在同一时段降低了涉案产品的出口价格,还要能估算国内补贴对生产要素价格的影响有多少被传递到涉案产品的正常价值。美国商务部为此会发出一个关于双重救济的调查问卷,用来确定国内补贴能否及在多大程度上冲减加权平均的倾销幅度。

在同时进行的反倾销、反补贴调查中,如果一家企业在双重救济的调查问卷中主动或是被迫承认接受了某些国内补贴,美国商务部就可以据此认为第一项条件获得满足。关于第二项条件,美国商务部一般

---

① Public Law 112 – 99, Section 2. Adjustment of Antidumping Duty in Certain Proceedings Relating to Imports from Nonmarket Economy Countries.

② Tariff Act of 1930, SEC. 777A(f) (19 U.S.C. 1677f – 1).

先查看国际贸易委员会初裁的调查记录，是否存在损害调查期（一般为发起调查的当年以及之前的两年）进口涉案产品价格递减的情形。如果不能从国际贸易委员会初裁的调查记录中得到确定的结论，美国商务部有时也会参考一些像《全球贸易数据库》这样的权威刊物，考察美国进口涉案产品 3 年的价格数据。以反倾销调查期间的 6 个月平均进口价格为基准，向后每 6 个月为一组计算平均进口价格，一旦发现 3 年的进口价格有递减的趋势，则判定第二项条件满足。①

关于第三项条件，美国商务部不承认反倾销中非市场经济生产要素方法的使用与国内补贴的存在会自动造成叠加救济，认为应该进行国内补贴导致出口价格降低的传递分析（Subsidy Pass-Through Analysis）。然而美国商务部仅同意对影响可变成本的要素投入进行传递分析，即仅仅考察可变成本与出口价格之间的链接或联动关系。② 实践中，美国商务部采用所谓的两部法：（1）投入物的补贴对制造成本的影响或投入物的补贴与制造成本之间的联系；（2）制造成本对出口销售价格的影响或制造成本与出口销售价格之间的联系。③ 换句话说，传递影响成立的条件是在反倾销的调查期间（一般为 6 个月），出口价格与要素投入价格均须展现大致同步的递减。不过即使价格同步递减，美国商务部也不会把国内补贴从倾销幅度中全部扣除，而是强调有一部分的出口价格

---

① See Department of Commerce, *Certain Non-Refillable Steel Cylinders from the People's Republic of China: Decision Memorandum for the Preliminary Affirmative Determination of Sales at the Less-Than-Fair-Value*, dated October 23, 2020, p. 29.

② See Department of Commerce, *Final Determinations: Section 129 Proceedings Pursuant to the WTO Appellate Body's Findings in WTO DS 379 Regarding the Antidumping and Countervailing Duty Investigations of Laminated Woven Sacks from the People's Republic of China*, dated July 31, 2012.

③ See Department of Commerce, *Decision Memorandum for the Preliminary Determination in the Less-Than-Fair-Value Investigation of Cast Iron Soil Pipe Fittings from the People's Republic of China*, dated February 12, 2018.

降低是由于市场行情变化或出于企业利润的考虑。于是会采用一个成本价格变化率(Ratio of Cost-price Changes)来估计补贴的传递程度。这个成本价格变化率有时是基于彭博提供的相关制造业总体的数据,一般取反倾销调查期内6个月的平均值。最后将国内补贴可传递的部分乘以成本价格变化率便得出从倾销幅度中应该扣除的国内补贴率。[①]

二、对货币低估进行反补贴调查

人民币汇率改革从1981年开始,至今已有40年的历史。目前采取的是选择若干种主要货币组成一个货币篮子,同时参考“一篮子”货币计算人民币多边汇率指数的变化,实行以市场供求为基础、参考“一篮子”货币进行调节、有管理的浮动汇率制度。

美国政府和企业多年以来一直抱怨人民币对美元估值偏低,中国政府人为操控汇率,变相对中国出口企业进行补贴,使得从中国进口的产品形成价格竞争优势,损害了美国制造业的利益,抢走了美国工人的饭碗,造成美国与中国贸易的巨额赤字,认为应当对中国采取反补贴措施。

在此背景下,美国商务部于2019年5月28日提出建议修订反补贴调查规则,拟增加确定货币低估补贴利益和补贴专项性的条款。经广泛征求各方评论意见,美国商务部于2020年2月4日公告最后修订结果,主要修改了反补贴条例的第19 C. F. R. 351.502条,增添了第19 C. F. R. 351.528条。

第19 C. F. R. 351.502条原本是关于判定国内补贴专项性的一些

---

① See Department of Commerce, *Certain Non-Refillable Steel Cylinders from the People's Republic of China: Decision Memorandum for the Preliminary Affirmative Determination of Sales at the Less-Than-Fair-Value*, dated October 23, 2020, p. 30.

具体规定,美国商务部将原来的(c)段至(f)段的段号标记改为(d)段至(g)段,另加了一个新的(c)段标题为货物贸易行业。这一段定义从事国际货物贸易的企业构成一个企业组,其实就是预先设定了未来货币低估的事实专项性,美国商务部认为这样做是填补了关税法的一个缺陷。我们注意到美国商务部并没有打算把货币低估列为出口补贴。

增添的第 19 C. F. R. 351.528 条涉及如何确定货币低估的补贴利益,大致分为四个步骤进行。第一步考察统一或单一汇率制度下货币低估是否存在,这是换汇授予利益的必要和先决条件,判定的方法是比较实际有效汇率与平衡实际有效汇率的差异。第二步考察政府对汇率的控制行为是否造成币值低估,这里政府对汇率的干预是币值低估的必要条件但不是充分条件。第三步是确认补贴利益的存在,这是通过比较两个换汇率的差异来实现的。第一个汇率是与平衡实际有效汇率一致的名义双边美元兑换率,另一个是考虑到政府行为对汇率的影响,在一定期间内的实际名义双边美元兑换率,也就是企业在银行实际换汇时的汇率。第四步就是具体计算补贴利益的金额,这里很像计算贷款的补贴利益金额。美国商务部把与平衡实际有效汇率一致的名义双边美元兑换率当作比较基准,将其与企业在银行实际换汇的汇率之差乘以换汇美元数便得到由于本币币值低估产生的补贴利益金额。因为货币低估属于国内补贴,这个补贴金额除以适当的销售额即为货币低估的补贴率。另外,其中前三步美国商务部还会征求美国财政部的意见。

美国商务部发起的第一例针对人民币货币低估的调查是扎带一案。2020 年 6 月 26 日,贝福特工业公司向美国商务部和国际贸易委员会提交了申诉书,要求对进口原产自中国的扎带发起反倾销、反补贴调查。美国商务部在接到申诉书后,于 7 月 16 日(公告日期为 7 月 27 日)正式启动对中国进口扎带的反倾销、反补贴调查。接着于 8 月 7 日向中国政府和两家强制调查企业发出反补贴调查问卷,其中第 15 题专门针对货币低估的补贴项目。美国商务部2020年11月23日签署了初步裁决(正式公布是2020年12月1日),所有中国企业获得122.5%的惩罚性反补贴率,其中货币低估的补贴率为10.54%。[①]

这个裁决其实是基于不利事实推定出来的,但美国商务部还是煞有介事的按照法律规定就本案中货币低估之所以构成可诉补贴的要件逐条分析。[②] 关于要件的第一条,即权力机构提供财政资助,美国商务部首先指出中国人民银行和国家外汇管理局是负责外汇管理的权力机构,银行和其他金融公司只有得到国家外汇管理局的批准后才能经营外汇业务。根据美国商务部之前在处理贷款补贴时已经得出的结论,中国国内的所有银行,无论国有、私营还是外资,都是权力或公共机构,它们从事的外汇交易活动理所当然构成权力机构提供财政资助。关于要件的第三条,即专项性的分析基本是直接引用前面提到的反补贴条例第19C. F. R. 351.502条(c)段,认为所有从事国际货物贸易的公司形成一个企业群组,再设法推断货币低估的补贴主要是由这一组企业享受的。为此专门把国家外汇管理局提交给国际货币基金组织的报告放在记录上,然后从4个渠道估计美元的流入。这4个渠道分别是货物出口、服务出口、直接投资和境外收入。美国商务部的初步结论是大约69.6%的美元流入是通过货物出口的渠道,因此可以断定从事国际货物贸易的一组企业是货币低估补贴的占主导地位的使用者,如此便满足了法律规定的事实专项性。这里我们再次注意到美国商务部并没有把货币低估认定为出口补贴,否则不需要进行法律或事实专项性的

---

① *Twist Ties from the People's Republic of China*: *Preliminary Affirmative Countervailing Duty Determination and Alignment of Final Determination with Final Antidumping Duty Determination*, 85 Federal Register 77167 (2020).

② See Department of Commerce, *Decision Memorandum for the Affirmative Preliminary Determination of the Countervailing Duty Investigation of Twist Ties from the People's Republic of China*, dated November 23, 2020.

分析。

有意思的是，美国商务部自己根本没有就可诉补贴要件的第 2 条进行分析，而是完全根据美国财政部的报告来确定补贴利益的授予。换句话说，确定货币低估补贴利益的前三个步骤都是直接采用了财政部的结论，即首先人民币在 2019 年被低估是因为中国的实际有效汇率与平衡实际有效汇率之间存在差异，其次这一低估是由于中国政府对汇率的控制以及干预外汇市场的行为缺乏透明度，最后财政部估计由于两个换汇率的差异人民币兑换美元大约被低估了 5%。

这时就到了第四步，也就是要依据强制调查企业的具体换汇情况计算补贴利益的金额。很可惜，由于两家强制应诉企业一开始就退出了调查，美国商务部也没有像以往那样再补选一两家强制应诉企业，而是直接根据既有事实进行不利推定，在初裁时对所有扎带企业给出一个惩罚性的补贴率。这个补贴率不是财政部估计的 5%，而是基于之前反补贴调查中优惠贷款项目的最高补贴率 10.54%。

令人奇怪的是，美国商务部在扎带一案的终裁中决定将是否存在货币低估的补贴推迟到后来可能进行的第一次年度行政复审时再作裁定。① 不久后的第二例包含货币低估补贴项目的集装箱拖车底盘一案，美国商务部同样决定将裁决推迟到第一次年度行政复审时再作出。② 美国商务部在两个案件中对推迟裁决给出的理由都是时间紧和情况复杂，无法在规定的调查时间内作出裁决。

美国商务部之后在 2021 年发起的针对进口自中国的五氟乙烷

① See Department of Commerce, *Issues and Decision Memorandum for the Final Determination of the Countervailing Duty Investigation of Twist Ties from the People's Republic of China*, dated February 16, 2021.

② See Department of Commerce, *Issues and Decision Memorandum for the Final Determination of the Countervailing Duty Investigation of Certain Chassis and Subassemblies thereof from the People's Republic of China*, dated March 15, 2021.

(R－125)[①]和手推除雪机[②]的反补贴调查初裁中裁定货币低估不构成补贴,原因是美国财政部的报告指出2020年度人民币估值偏低是由市场行情决定而非中国政府的干预行为所致。

三、权力机构的认定

除了各级政府部门和国企外,所有提供贷款的银行和金融机构、所有供应原材料的生产商和供应商一律都被认定为权力或公共机构。这些机构或企业提供的贷款、供应的原材料、电力和土地使用权等一律都是提供了财政资助。

四、低于补偿提供生产要素的外部基准

所有被调查的低价供应的原材料均采用世界市场价格加运费和进口环节的税费作为基准。应诉企业的用电采用所有省份中的最高电价作为基准。土地使用权采用泰国曼谷附件工业园区的工业用地价格作为基准。

五、政策性贷款的专项性

无论是否真实存在政策性贷款或应诉企业实际收到政策性贷款,所有贷款都被认定为政策性贷款且具有法律的专项性或事实的专项性。

六、贷款外部基准利率的确定

贷款外部基准利率只能采用美国商务部自己决定的方法确定,没

---

① *Pentafluoroethane (R－125) from the People's Republic of China: Preliminary Affirmative Countervailing Duty Determination and Alignment of Final Determination with Final Antidumping Duty Determination*, 86 Federal Register 33648 (2021).

② *Certain Walk－Behind Snow Throwers and Parts Thereof from the People's Republic of China: Preliminary Affirmative Countervailing Duty Determination and Alignment of Final Determination with Final Antidumping Duty Determination*, 86 Federal Register 50696 (2021).

有商量的余地，尽管回归方程的线性度很差，甚至还有斜率为正的情况。我们认为应该采用以与中国同处一组人均收入国家的各国总国民收入或 GDP 或总人口为权重，对实际利率进行加权平均得出不含通货膨胀的短期实际利率，再加上中国的通胀率来决定短期贷款的名义基准利率。

七、出口买方信贷

美国商务部的裁定一律根据既有事实进行不利推断此项出口补贴存在，补贴率直接取自历次调查中最高的优惠贷款的补贴率。目前已有至少十个案件的裁决①受到应诉企业的挑战，美国商务部在美国国际贸易法庭的司法审查中均败诉但仍然坚持在其他案件中使用。美国商务部的立场是中国政府没有完整回答所提出的问题和报告所要求的信息，而这些信息对美国商务部了解出口买方信贷的实施过程很重要，因此他们无法核实应诉企业的进口商是否接受了该补贴。法官的意见基本都是美国商务部需要深入了解出口买方信贷的有关信息不是问题的关键，重要的是可诉补贴的第二个要件不满足，即没有补贴利益的受益者，所有的记录都表明中国企业的美国客户并没有获得中国政府提供的出口买方信贷。

八、平均对单笔和归零问题

平均对单笔和归零问题是在反倾销调查中计算倾销幅度时出现的情况，我们在反补贴中也有类似的情况。

平均对单笔主要在计算原材料的补贴利益时，使用外部基准的月

① 例如，非公路轮胎 2014 和 2015 复审、铝箔初始立案调查、三氯异氰尿酸 2014 复审、光伏电池 2014 和 2015 复审、窄幅编织丝带 2015 复审等。

平均价格作为基准与应诉企业实际支付的每笔交易比较。我们认为正确的比较方法应该是外部基准的月平均价格与应诉企业实际支付的月加权平均采购价格相比较。

归零问题体现在计算电、原材料、贷款等需要与第三方或外部基准进行比较时发生,即在计算补贴利益时将比较出现的负值置零,类似反倾销调查或复审中的归零问题。由于这些负值的贡献为零,人为提高了补贴率。包括我们在内的一些应诉代理人都向美国商务部提出了这一做法的不合理性。迄今为止,美国商务部还是坚持不改,其理由基本与反倾销相同。

九、含税价比较还是不含税净价比较

计算用电的补贴利益是采用含税的价格进行比较。同样,在计算低价供应原材料的补贴利益时,采用原材料的世界市场价并加上运费,进口关税和增值税等。这里增值税是不应该加的,因为这里的增值税跟国内购买原材料一样,属于进项税,是要跟销项税相抵扣,所以不是真正的购买费用。另外,国内补贴都是采用不含税的总销售收入作分母,补贴利益作为分子如果含税的话,这种比较不是苹果与苹果的比较,人为提高了补贴率。

十、对中小企业的补贴

美国商务部明确规定将仅限于给予中小企业的国内补贴不具有事实上或法律上的专向性。然而在实际调查中,这项规定并没有被遵守。①

① See Department of Commerce, *Decision Memorandum for the Preliminary Determination of the Countervailing Duty Investigation of Certain Walk-Behind Lawn Mowers and Parts Thereof from the People's Republic of China*, dated October 23, 2020.

第十章　反补贴案例故事

非法律人士阅读法律书籍一般都感觉枯燥无味，为了减少枯燥感并增加一点趣味性，也许还能使读者有一种身临其境的感觉，我们在这一章里特地挑选了几个很有典型意义的真实案例以故事的形式向读者介绍。讲述过程首先简要介绍每一个案件的背景，然后叙述应诉过程中的重要事件并适当穿插一些纪实情节和应诉技巧，最后小结汇总每个案件的要点以及从案例中学到的知识、获得的经验教训、作者个人的体会与反思等。这样的写法使得这些故事还具有另一项尤其重要的功能，就是能够帮助读者加深理解正文中的讨论，[①]正如著名法学大师王泽鉴先生说过的“案例是学习法律最好的方法”。本章中的案例看似大致相同，但每个故事各自独立，各有其特点和侧重。此外，这些案例故事按发生的时间顺序排列，读者也可以注意到我们的应诉能力从幼稚逐渐到成熟的过程。故事中所有主要事件涉及的内容和资料包括公司名称等全部取自美国调查机关公开发布的文件，有关的风土人情、花絮轶闻则来自作者的记忆和工作日记。

---

① 笔者写作本书时在这一点上感同身受。先是完成了正文部分，然后开始写案例故事。写的过程中对照正文发现正文中某处不完备、不准确甚至有错误，于是又回过头来对正文进行补充、完善和修改。

第一节　复合塑料编织袋反补贴调查

一、案情背景

2007年6月28日,美国国内生产复合塑料编织袋的复合编织袋联合会及其所属的5家企业向美国商务部和美国国际贸易委员会提交了申请书,要求对原产自中国的复合塑料编织袋同时发起反倾销和反补贴调查。2007年7月18日,美国商务部正式启动了对复合塑料编织袋的双反调查(公告发起调查的时间是7月25日),本案反补贴调查的案件号为C-570-917,调查期为2006年全年。

虽然美国国际贸易委员会2007年8月14日才做出肯定性的损害初裁①(17日正式公布),但美国商务部于2007年7月31日已经选择了四家出口量最大的企业为强制调查企业,分别是汉兴化工、宁波永丰包装公司、齐鲁塑料织品集团、寿光建苑春。随后美国商务部2007年8月3日向中国政府发出反补贴调查问卷并要求政府转交企业问卷部分给强制调查企业。在规定的时间里,汉兴、永丰和齐鲁都没有提交答卷。2007年9月10日,淄博艾福迪塑料包装公司自愿提交了反补贴问卷的答卷,美国商务部于10月24日同意接受艾福迪为自愿应诉企业。

美国商务部于2007年12月3日公布初步裁决。② 汉兴、永丰和齐

---

① *Laminated Woven Sacks from China*, *Investigation Nos.* 701 - *TA* - 450 *and* 731 - *TA* - 1122 (*Preliminary*), 72 FR 46246 (August 17, 2007) ("ITC Preliminary Determination"). 实际上,这是一个非常罕见的关于美国国内产业的建立被自中国进口涉案产品实质性阻遏的"损害"初裁。

② *Laminated Woven Sacks from the People's Republic of China: Preliminary Affirmative Countervailing Duty Determination; Preliminary Affirmative Determination of Critical Circumstances, In Part; and Alignment of Final Countervailing Duty Determination With Final Antidumping Duty Determination*, 72 FR 67893 (December 3, 2007).

鲁得到惩罚性的最高补贴率57.14%,艾福迪的补贴率为11.59%。寿光建苑春获得最低的补贴率2.57%,所有其他企业也适用寿光建苑春的补贴率。

美国商务部于2008年6月24日公布最终裁决。① 汉兴和永丰的惩罚性补贴率上升为223.74%,齐鲁的惩罚性补贴率上升为304.40%。② 寿光建苑春从初裁时最低的补贴率变为终裁的最高惩罚性补贴率352.82%。③ 而淄博艾福迪的补贴率虽然也提升到29.54%,但却是全国最低补贴率。所有其他企业的补贴率为以上五家补贴率的简单平均226.85%。

反补贴命令的正式下达是2008年的8月7日,继续执行终裁公布的反补贴率。

二、应诉过程

我们代理的应诉企业是淄博艾福迪,这是一家中美合资企业,位于山东省淄博市桓台县。淄博以前又称张店,是一个狭长的地区,东西短南北长,淄博的名称据说是因为境内所辖的临淄、淄川、博山等区县。

本次代理艾福迪应诉反倾销、反补贴调查是作者第二次为淄博的企业提供服务。④ 作者曾经在淄博地区代理过三次应诉美国对中国企业发起的反倾销、反补贴调查。第一次是1999年代理山东新华制药股份公司应诉美国对散装阿司匹林的反倾销调查。那个案子的结果不错,初始立案调查获得较低的倾销幅度,后来经过司法审查倾销幅度得

---

① *Laminated Woven Sacks From the People's Republic of China: Final Affirmative Countervailing Duty Determination and Final Affirmative Determination, in Part, of Critical Circumstances*, 73 FR 35639 (June 24, 2008).

② 齐鲁后来又增加了山东省的六项新补贴。

③ 寿光建苑春后来又增加了山东省的六项和寿光市的四项新补贴以及无信贷资格补贴。

④ 这一年,即2007年,也是作者从事反倾销、反补贴应诉工作十周年。

到进一步下降。最令人鼓舞的是连续3个年度复审获得零税率,最后被取消了反倾销命令。还有一个值得怀念的是,到目前为止唯一的一次去泰山游览还是在阿司匹林第3个年度复审的核查期间。第三次是2018年代理山东东岳集团应诉美国对中国聚四氟乙烯的反倾销调查。那次调查也获得了全国最低倾销幅度的较好结果。

如前所述,对复合塑编带的调查是一个同时发起反倾销、反补贴的调查,即人们常说的双反调查。淄博艾福迪并没有被选为反补贴调查的强制应诉企业,但却在2007年8月16日被选为反倾销强制调查企业。为什么都是按出口量最大的原则选取强制调查企业,艾福迪反倾销被选上,反补贴确没被选上呢?原来是因为两个调查的调查期间不同。反倾销的调查期为立案申请书提交日之前的两个完整季度,而反补贴的调查期为立案申请书提交日之前的一个完整日历年。

我们在第一章第五节提到:对于那些被选上强制调查的企业,如果条件比较好(估算补贴率较低)的话,可以通过自己的努力获得一个有利的单独补贴率。而那些没有被选上强制应诉的企业则只能获得一个强制调查企业加权平均的补贴率,有一种命运掌握在别人手中的感觉。因此许多出口量大的企业都特别希望被选上强制调查企业。

整个2007年的8月下旬,我们和美国律师都在跟艾福迪的高管商讨如何应诉反倾销调查和到底应诉还是不应诉反补贴调查。一方面由于已经被选上作为反倾销的强制调查企业,另外又打听到大部分被选上作为反补贴强制调查的企业可能不会应诉,最后决定主动要求应诉反补贴调查,自愿回答和提交美国商务部反补贴调查的企业大问卷。

我们是8月31日去的艾福迪。这次去现场主要有两项任务。第一是要完成反倾销的A和D卷,因为是关联销售,所以C卷部分由美国关联公司完成。第二就是反补贴的企业问卷。

还好那时的反补贴调查问卷比现在要简单些,大问卷共有三部分。

第一部分是关于关联关系的3个问题:(1)报告所有关联公司的名称和地址;(2)详细描述关联公司之间的关系,包括是否共有一个董事会或有一个公司的董事同时也是另一关联公司的董事,董事会成员的投票权如何分配,一家公司的高管是否监督另一家公司的运营,关联企业是否提供涉案产品生产过程的要素投入等等;(3)是否关联企业之间存在交叉拥有的关系,如有这种关系则交叉拥有的企业大多数情况下也必须回答完整的大问卷。反补贴调查中交叉拥有是一个特别重要的问题,关系到补贴利益的归属和补贴率的计算,我们在第六章中有过详细的介绍。交叉拥有的企业越多,需要提交的完整问卷就越多,不仅工作量增大而且涉及的补贴项目可能也更多。但由于补贴利益归属对应的销售额增加,计算补贴率的分母变大,补贴率可能反而会降低。我们在后来很多的反补贴调查中都碰到这方面的实际问题,报还是不报交叉拥有关系,真的是十分纠结。第二部分是应诉公司的一般情况,包括公司历史、生产和销售过程,要求提交财务报表和销售数据等。第三部分是回答有关具体补贴项目的问题,这些项目大多是申请书中指控的。

前面提到,艾福迪是一家中美合资企业。作为美方股东的朱总年龄不大,估计也就40来岁,但却是一位传奇人物,曾经在联合国驻非洲的维和部队中任少校营长。由于朱总和中方总经理和董事长的全力配合,加上艾福迪的情况也比较简单和直截了当,而我们又已经有了不少回答反倾销问卷的经验,最后还算顺利地完成了反补贴的大问卷并于9月10日将答卷提交给美国商务部。

美国商务部于2007年10月23日发出第一次补充问卷,主要涉及公司历史和关联企业的更多细节,应付账款和贷款的关系,一些债权人和债务人的确认和他们之间的关系,电力供应的细节,土地是划拨还是出售或转让,土地所有权和土地使用权的区别,等等。同时认定中方关联企业金月亮公司与艾福迪存在交叉拥有关系,也必须提交完整的反补贴答卷。美国律师10月底先去艾福迪现场了解情况,回来后我们集中了3天在北京办事处回答问卷,最后于11月6日提交了金月亮公司的答卷。

第一次补充问卷发出没过多久,美国商务部根据申请方的新补贴指控,决定对全部12项新补贴指控进行调查并于2007年11月2日发出新补贴项目调查问卷。不过针对艾福迪的问卷仅仅涉及7项新指控,其中6个都是山东省的补贴项目,一个是关于所谓低价供应生产塑编带所需原材料投入的补贴指控。这些原材料包括聚乙烯树脂(PE)、聚丙烯树脂(PP)和双向拉伸聚丙烯(BOPP)。艾福迪于11月19日提交了答卷,申明山东省的补贴项目与艾福迪无关,生产塑编带的原材料都是从私营供应商处购买的。由于美国商务部初裁前没有充分时间对提交的事实信息和评论做出审查和分析,于是决定将这些新补贴项目推迟到初裁后再进行分析和裁决。

初步裁决是2007年12月3日公布的。艾福迪的补贴率为11.59%。由于美国商务部认定金月亮与艾福迪交叉拥有,又进一步认定金月亮是母公司,于是金月亮被要求提交完整答卷并将其所收到的土地和贷款的补贴利益归属到金月亮与艾福迪的合并销售。土地使用权的补贴率为11.51%,政策性贷款的补贴率为0.07%。土地使用权的补贴是因为艾福迪和金月亮位于桓台县工业园区,满足事实上的地区专项性;贷款补贴是因为复合塑编带行业被认为是纺织行业而不是塑料行业,于是国家对纺织行业的政策性贷款被认定具有法律专项性。美国商务部认为政府提供电力并不具有专项性,所以没有计算用电的补贴利益。

初裁后美国商务部又在2007年12月13日发出第二次补充问卷,主要是进一步要求补充一些关于关联关系和内部关联销售、土地合同的信息,此外还要求提交贷款银行的股权结构。最关键的是要求提供一个有关原材料采购的清单,包括从每一个供应商处的采购数量、月平均单价、供应商和生产商的企业性质,即是国有还是私营,这个答卷于1月3日提交。

原定对艾福迪的实地核查是在2008年春节前的1月23~25日,共3天。因为是第一次经历反补贴核查,为了保证万无一失,我们和美国律师一起提前去艾福迪做了3天的核查准备。后来,美国商务部临时通知说要提前于1月22日开始核查,但还是25日结束,比原计划多了一天,一共要进行4天。大概是第一次处理有关土地补贴的问题,美国商务部这一次来了一个庞大的核查队伍,分几路还分别核查了中央政府、省政府、县级地方政府的相关部门。

核查后大约又过了将近3个月,一直到2008年4月22日美国商务部才公布了对于新补贴项目的分析和裁决。① 针对艾福迪的7项指控,只有关于原材料的一项补贴成立,理由是国有生产企业被视为权力或公共机构,于是将它们供应的原材料投入产品聚乙烯(PE)和双向拉伸聚丙烯(BOPP)认定为所谓低价供应而存在补贴,其他凡是私营生产企业供应的原材料都不存在补贴。② 美国商务部首先指责中国政府没有披露生产商与政府的关系,没有提交生产商的股权结构,没有报告国有生产企业的产量和国内市场占有率等,因此断定这些原材料要素的生产和销售都是主要由国有企业控制,导致国内价格扭曲不能作为比较基准。进一步认为,供应原材料的国有企业生产商作为权力或公共机构提供了财政资助,而且由于使用原材料的行业数量有限,具有事实上的专项性。最后决定采用世界市场的价格作为外部基准来计算国有生

---

① *Countervailing Duty Investigation of Laminated Woven Sacks from the People's Republic of China: Post-Preliminary Analysis of New Subsidy Allegations* (dated April 22, 2008).

② 近几年来的许多案件中,私营生产商不再享受与国有企业不同的待遇,也被美国商务部认定是权力或公共机构,当然他们供应的原材料也就存在补贴了。

产企业供应聚乙烯(PE)和双向拉伸聚丙烯(BOPP)的补贴利益。聚乙烯的外部基准采用的是伦敦金属市场的单月期货合同报价,结果计算出的补贴率为0.00%。双向拉伸聚丙烯的外部基准采用的是世界贸易数据库中智利、印度、新加坡和南非的出口价格,又加上海运费、进口关税和增值税,计算的补贴率为15.71%。在计算低价提供这些原材料的补贴率时仅仅将补贴利益归属到艾福迪本身的销售,而不是金月亮与艾福迪的合并销售。同时,美国商务部通知案情摘要须在一周内提交。我们在案情摘要中主要针对土地使用权和双向拉伸聚丙烯补贴的裁决提出了反对意见。

美国商务部是在2008年6月24日公布的最终裁决,终裁基本上维持了初裁和新补贴项目裁决的依据和推理,仅仅就补贴率的计算做了几处修改。① 一是对短期贷款的基准利率进行了两处小量修正,略微将贷款的补贴率降为0.06%。二是改变了贴现率的计算方法,将原来的基于利率掉期计算的长短期贷款利率之比,改为采用彭博N年BB级企业债券与一年期BB级企业债券的平均收益之比来计算N年长期贷款的基准利率。这种方法计算出来的贴现率从原来的10.90%提高到14.45%,从而将土地使用权的补贴率由初裁的11.51%提高到13.36%。三是低价供应原材料的外部基准也重新进行了计算,去掉了印度的出口数据,结果这部分的补贴率由原来的15.71%提高到16.12%。合并之后的总补贴率为29.54%。

三、小结

复合塑编带反补贴调查的启动离美国商务部2006年11月21日首

① *Laminated Woven Sacks from the People's Republic of China: Issues and Decision Memorandum for the Final Affirmative Countervailing Duty Determination* (dated June 16, 2008).

次针对进口中国铜版纸发起反补贴调查并采取临时反补贴措施的时间只有半年多，无论是中国政府、应诉企业或代理律师基本上都没有太多的经验。我们甚至发现美国商务部的调查人员对许多中国的政策和法律法规也不是很了解，感觉大家都是在调查和应诉的过程中不断摸索、总结和积累经验。

本案的要点是土地使用权和原材料投入的所谓补贴项目如何满足补贴定义，如权力机构和专项性，以及补贴利益的计算。这两项的补贴率占到了总补贴率99%以上。

通过本案有几点学习收获：第一，与反倾销调查采用首次针对非关联公司的净销售（构造出口价格）计算倾销幅度不同，反补贴调查一般不考虑美国关联公司对最终用户的销售，计算补贴率是根据不同的补贴项目采用不同的销售额作为分母，而大部分情况采用出口销售或总销售。第二，土地使用权的补贴利益是在商业土地使用的年限上进行分摊，一般为40年或50年。第三，出口退税不算是出口补贴。第四，关于专项性的认识：复合塑编带行业被认为是纺织行业而不是塑料行业，于是国家对纺织行业的政策性贷款被认定具有法律专项性；艾福迪和金月亮位于桓台县工业园区，被认为满足事实上的地区专项性；原材料补贴的专项性是由于使用原材料的行业数量有限，具有事实上的专项性。

主要的经验是当被选为反倾销调查的强制应诉企业后，视情况决定主动要求应诉反补贴调查，争取把命运掌握在自己手里。最值得反思的是我们自己本身应诉经验严重不足，特别是对许多补贴项目的含义、定义不清楚，不了解调查的目的，也没有掌握补贴利益的计算方法。此外由于补贴率远远低于倾销幅度，对反补贴调查的重视度不够。

第二节　预应力混凝土用钢绞线反补贴调查

一、案情背景

2009 年 5 月 27 日,美国国内生产预应力混凝土用钢绞线的三家企业向美国商务部和美国国际贸易委员会提交了申请书,要求对原产自中国的预应力混凝土用钢绞线同时发起反倾销和反补贴调查。2009 年 6 月 16 日,美国商务部正式启动了对预应力混凝土用钢绞线的双反调查(公告发起调查的时间是 6 月 23 日),本案反补贴调查的案件号为 C－570－946,调查期为 2008 年全年。

根据美国海关的统计数据,美国商务部于 2009 年 7 月 2 日选择了法尔胜集团进出口公司和新华金属制品公司为强制调查企业,同日向中国政府和两家强制调查企业发出反补贴调查问卷。新华金属制品公司于 8 月 4 日,法尔胜集团进出口公司于 8 月 26 日分别提交了反补贴问卷的答卷。

美国商务部 2009 年 11 月 2 日公布初步裁决。[①] 法尔胜集团进出口公司以及与之关联的 5 家公司(统称为法尔胜公司)一起获得 7.53% 的补贴率,新华金属制品公司以及与之关联的两家公司(统称为新华公司)一起获得 12.06% 的补贴率。其他企业获得法尔胜和新华的简单平均补贴率 9.80% 。

美国商务部 2010 年 5 月 21 日公布最终裁决。[②] 法尔胜公司获得 8.85% 的补贴率,新华公司获得 45.85% 的补贴率。其他企业获得法尔

---

① *Pre-Stressed Concrete Steel Wire Strand from the People's Republic of China: Preliminary Affirmative Countervailing Duty Determination*, 74 FR 56576 (November 2, 2009).

② *Pre-Stressed Concrete Steel Wire Strand from the People's Republic of China: Final Affirmative Countervailing Duty Determination*, 75 FR 28557 (May 21, 2010).

胜和新华的简单平均补贴率27.35%。

反补贴命令的正式下达是2010年7月7日。① 由于申请方发现并提交了一个行政错误,美国商务部修改了针对法尔胜公司的补贴率,从8.85%提高到9.42%。新华公司的补贴率不变,仍为45.85%,而其他企业获得法尔胜和新华的新的简单平均补贴率27.64%。

二、应诉过程

法尔胜集团进出口公司位于江苏省无锡市的江阴市。对于无锡市作者并不生疏,因为之前曾经在该地区代理过两次应诉美国针对中国产品的反倾销调查。第一次是2003~2004年代理无锡国联应诉美国针对中国进口永固紫23号颜料的反倾销调查,获得了5.51%的全国最低反倾销税率。第二次是2005~2006年代理无锡凤凰画布公司应诉美国关于艺术画布的反倾销调查,这一次的结果不太理想。虽然是唯一一家获得单独税率的强制调查企业,倾销幅度比起另一家被给予惩罚税率的强制调查企业低了不少,但总的来说还是偏高。一个意外的收获是在艺术画布一案核查时碰到一个美国商务部官员,恰巧也负责我们当时正在代理的聚乙烯醇的第一次年度复审。于是无心插柳柳成荫,我们借机向她介绍了应该采用迭代计算的方法计算生产中出现的循环成本,并以数值求根算法为例解释了迭代计算的原理。这位官员后来在终裁时采纳了我们提出的一次迭代方法。2006年的5月15日,中石化川维厂生产出口的聚乙烯醇获得了反倾销零税率,之后十多年一直保持这个税率至今。

---

① *Pre-Stressed Concrete Steel Wire Strand from the People's Republic of China: Notice of Amended Final Affirmative Countervailing Duty Determination and Notice of Countervailing Duty Order*, 75 FR 38977 (July 7, 2010).

我们第一次去法尔胜是2009年6月29日。此时美国商务部刚刚正式启动了对钢绞线的反倾销、反补贴调查，还没有确定强制调查企业。我们估计美国商务部怎么也要等到美国国际贸易委员会的损害初裁之后才会选择强制调查企业并发出反倾销、反补贴调查问卷，所以这次去法尔胜的目的主要是给公司的领导和有关部门负责人介绍美国反倾销与反补贴的法律法规、调查程序和时间点、应诉的一些准备工作等。

关于反补贴调查，我们告诉法尔胜：美国国内钢绞线企业在申请书中指称中国中央和地方政府向预应力混凝土用钢绞线产业提供了优惠贷款，低价提供原材料和土地，对盘条等原材料实施出口限制，还提供了诸如所得税优惠、增值税和关税等间接税优惠、政府拨款和外商投资企业税收优惠等7大类36个补贴项目。据此要求针对中国的涉案产品征收反补贴税。

我们还向法尔胜指出：本案在补贴立案调查阶段获胜的关键是企业与政府密切配合，共同制定应诉策略，积极并科学的回答美国商务部的调查问卷。为了获得反补贴调查的最佳结果，首先须要根据补贴调查问卷对国内各级政府与补贴有关的政策进行分析评估，尤其是有关省一级的钢铁产业发展纲要或规划以及热轧钢盘条企业的国有化程度。其次，还须根据补贴调查问卷对自身接受补贴的情况，重点是贷款、低价提供原材料、低价提供土地使用权等，进行分析评估，并模拟测算补贴率。

谁知刚刚过了3天，美国商务部就将法尔胜集团进出口公司选为强制调查企业。真是计划赶不上变化，美国商务部根本没等美国国际贸易委员会的初裁结果①就开始行动了。于是我们 7 月 17 日再次赶到法尔胜。这一次去现场主要就是回答反补贴调查问卷。工作中最令人头大的是法尔胜集团内关联公司众多,其中还有不少是交叉拥有的关联企业。简单地说,只要一家公司拥有另一家公司的多数股份,这两家公司就属于交叉拥有的关联企业。按照美国商务部的规定,与强制调查企业存在交叉拥有的公司,如果是控股母公司、或生产涉案产品、或供应生产涉案产品所需的原材料投入、或传递补贴等,都必须回答完整的补贴调查问卷。

法尔胜集团进出口公司是强制调查企业,它的母公司是法尔胜集团公司,有自己的经营业务。另外,还有 3 家关联的涉案产品生产商:法尔胜钢铁、宏宇金属、华新钢缆。于是这 5 家公司都要回答并提交完整的反补贴调查问卷。当问卷于 8 月 26 日提交后,美国商务部 9 月 8 日发出第一份补充问卷,要求关联企业弘升公司回答完整的反补贴调查问卷。所以,最后一共有 6 家关联公司涉及反补贴调查,其中法尔胜集团公司、法尔胜集团进出口公司、弘升公司、宏宇金属和法尔胜钢铁基于股权份额和控制程度被认为具有交叉拥有关系,华新钢缆则仅是普通意义上的关联企业。大概是由于这种复杂的关联和交叉拥有的关系,美国商务部在初裁前共发出 4 个补充问卷,初裁后又追加了 3 个补充问卷。

初裁公布于 2009 年 11 月 2 日。法尔胜集团进出口公司以及与之关联的 5 家公司(法尔胜公司)合并获得 7.53% 的补贴率,其中最大的一项补贴率 5.57% 来自政府低价提供生产要素钢盘条。美国商务部把国有的盘条生产商都认定为权力或公共机构,相当于政府组织,它们供

① 美国国际贸易委员会的初裁是 2009 年 7 月 10 日公布的,初步裁定中国进口的钢绞线对美国国内产业造成了实质性损害的威胁。

应盘条就是提供财政资助。由于使用盘条的行业数量有限,所以对盘条的补贴具有事实上的专项性。确定是否低价供应盘条的比较基准采用了世界市场价格,具体说就是美国金属市场的月度高碳钢盘条的价格,但在初裁时没有包含运费。这样获得的外部基准一般肯定高于国内企业的采购价格,于是就被美国商务部认定授予了补贴利益。于是我们第二章中提到的可反补贴三要件全部得到满足。但美国商务部此时仍然认为私营(民营)的生产商不属于权力或公共机构,从它们那里采购的盘条不存在补贴。第二大的补贴项目是政策性贷款,贡献了1.26%的补贴率。对于人民币的贷款,外部基准利率采用的是美国商务部根据回归方程导出的结果。对于外币(美元、欧元、日元等)贷款,采用不同币种的一年期伦敦同业拆借利率(LIBOR),加上各币种一年期 BB 级债券与一年期伦敦同业拆借利率的差作为短期贷款利率。

接下来最重要的程序是美国商务部的实地核查。核查时间确定为2010 年 1 月 18 日至 22 日,按先后顺序核查法尔胜集团公司、法尔胜集团进出口公司、华新电缆、弘升公司、法尔胜钢铁和宏宇金属。我们提前于 1 月 15 日飞到无锡,开始做核查准备工作。

从美国商务部的核查大纲通知中,我发现其中一位核查官员是康约翰。之前,我们曾经打过两次交道,一次是 2002 年在云南建水县对于高锰酸钾复审的核查,还有一次是 2005 年在厦门进行的关于蘑菇罐头复审的核查。他还记得我在云南核查时带他穿过的原始森林以及为了解释二氧化锰与氢氧化钾在露天进行化学反应效率可能更高而给他讲过的热力学第二定律。我则记得在建水去核查原材料石灰的供应商,老板是一个当地的村民,手拿一把铁锨站在窑边,浑身都是石灰。康约翰问他:“你的账本在哪里,能不能让我们看看你卖石灰给建水化工厂的收入。”老板回答,“我没有账,我要账本干什么用?我的钱都在我的口袋里”,一边说一边从口袋里掏出一大团灰突突的钞票。康约翰笑着对大家说："行了行了，我们核查过了，石灰生产商的老板向美国商务部的官员证明了他的确是有收入的。"3 年后在厦门国贸作蘑菇罐头的核查时，他笑着对我说，这个食品案子简单，用不着化学平衡方程和热力学第二定律。他还挺神秘地告诉我：对商务部觉得诚实可信的律师提交的文件，除非起诉方发难，他们一般看一遍就过去了；对于在商务部有不良记录的律师，他们除了多看好几遍外，有时还要找懂中文的人对照检查提交的文件。从那以后我们就特别小心注意，回答问卷时做任何的调整都不能过分，可以打擦边球但千万别过界。

由于与康约翰之间的这种关系，在法尔胜的核查就没有大多数核查一开始经常出现的那种不信任态度和怀疑情绪。5 天的核查过程虽然还是很紧张，但并无任何惊险和悬念。只是有一点以前不曾发生过，即要求回答公司内部是否存在党组织以及党员的作用。我问康约翰为什么以前的反倾销核查从来没有要求回答这些问题，他说这是商务部的新规定，在反补贴调查的核查中要询问这些问题，以便确定是否公司内的党组织或党员具有比一般人更有利的条件获得补贴。公司负责人的回答是党员身份只是一种个人身份的象征，与公司的经营活动、贷款、政府拨款等都没有任何关系。

按计划整个核查于 1 月 22 日下午顺利结束，晚上法尔胜公司在酒店宴请美国商务部的核查官员和参加核查的工作人员。

除了参与法尔胜集团的全程应诉外，由于代理新华金属制品公司应诉的律师说他们只管填报和提交问卷不负责核查工作，我们于是被新华金属邀请去他们那里帮助对付美国商务部的实地核查。

新华金属制品公司的关联关系比较简单，有一个控股母公司新余钢铁股份有限公司（新余），新余又是新余钢铁有限责任公司（新钢）的全资子公司，这是一种儿子、父亲和祖父的关系。不知什么原因，可能是由于新华金属的体量小、辈分低，母公司的工作人员对美国商务部的实地核查并不十分重视。当时好像是有一些上一年的贷款文件找不到,导致前一年批准发放的贷款但在调查期内支付的利息无法准确核实,另外还有一些拨款项目与财务记录比较有一定出入。美国国内申请方的律师在他们的案情摘要中强烈要求美国商务部对未通过核查的所有项目给以惩罚性的最高补贴率,我们在反驳摘要中替新华公司拼命抗辩,但最后的结果仍然是美国商务部决定对未能通过核查的补贴项目根据既有事实进行不利推断。

美国商务部2010年5月21日公布最终裁决。法尔胜公司合并获得8.85%的补贴率,后来又提高到9.42%,补贴率提高的原因主要是盘条的外部基准价格中又加入了海运费。而由于核查中出现的问题,新华公司获得45.85%的补贴率,远高于初裁时12.06%的补贴率。①

三、小结

本案的要点是原材料盘条的补贴率。美国商务部断定中国国内的盘条市场由代表中国政府的国有盘条生产企业垄断,同时限制盘条出口,因此国内市场价格存在扭曲而不能作为比较基准,只能采用世界市场价格既外部基准。虽然私营生产商的盘条供应不构成低价提供原材料,但这些价格也不能作为比较基准。本案中,美国商务部对于盘条的生产商和供应商采取分别对待的原则,即无论供应商(贸易商)是国有还是私营,最终取决于生产商的性质。凡盘条生产商是国有企业的,均认为提供了补贴,采用外部基准计算补贴利益。而私营盘条生产商除外,从他们那里采购的盘条不存在补贴。

主要收获是初步了解了如何确定补贴利益的归属。一旦反补贴调

---

① *Pre-Stressed Concrete Steel Wire Strand from the People's Republic of China*, *Issues and Decision Memorandum for Final Determination*, dated May 14, 2010.

查涉及众多的关联和交叉拥有企业，最复杂和最值得回味的就是补贴的归属问题。当存在交叉拥有的关联关系时：(1)如果接受补贴的公司是一家应诉企业的母公司，且有自己的经营业务，那么将把补贴归属于母公司与其子公司的合并销售，例如法尔胜集团公司；(2)出口贸易公司的补贴归属到自己本身的销售，例如法尔胜集团进出口公司；(3)涉案产品生产公司的补贴归属到出口贸易公司和生产公司合并的总销售（剔除内部相互之间的销售），例如法尔胜集团进出口公司、法尔胜钢铁和宏宇金属；(4)原材料供应公司的补贴归属到自己与涉案产品的生产公司、出口贸易公司等合并的总销售（剔除内部相互之间的销售），例如弘升公司、法尔胜集团进出口公司、法尔胜钢铁和宏宇金属。如果不存在交叉拥有的关系，则使用贸易公司和生产公司各自的销售额作为分母，计算各自的补贴率并进行累加。在计算累加补贴率时还要根据生产公司提供的涉案产品在美国销售的份额进行调整，例如华新钢缆。归属问题极其复杂，对方也是紧扣相关的法律法规提出抗辩，但都被美国商务部驳回。也许是由于当时处于后全球金融危机时代，[①]感觉这个案子中美国商务部对归属的处理似乎有向中国应诉方倾斜的迹象。

第三节　三氯异氰尿酸反补贴调查

一、案情背景

2013年8月29日，美国柯利昂公司和西方化学公司向美国商务部和美国国际贸易委员会提交了申请书，要求对自中国进口的三氯异氰尿酸发起反补贴调查。2013年9月18日，美国商务部正式启动了对三

① 金融危机又被称为金融海啸。2008年年底，开始由美国的次贷危机迅速扩展到全球金融、贸易等许多领域，导致世界经济大萧条。

氯异氰尿酸的反补贴调查(公告发起调查的时间是 9 月 25 日),本案的案件号为 C-570-991,调查期为 2012 年全年。

根据美国海关的统计数据,美国商务部于 2013 年 10 月 29 日选择了河北冀衡化学品公司和鄄城康泰化学公司为强制调查企业,次日向中国政府和两家强制调查企业发出反补贴调查问卷。中国政府和两家强制调查企业分别于 2013 年 12 月 20 日至 27 日提交了反补贴问卷的初始答卷。

美国商务部 2014 年 2 月 24 日公布初步裁决。① 河北冀衡获得 18.57% 的补贴率,鄄城康泰获得 1.55% 的补贴率。其他企业获得它们两家的简单平均补贴率 10.06%。

美国商务部 2014 年 9 月 22 日公布最终裁决。② 河北冀衡获得 20.06% 的补贴率,鄄城康泰获得 1.55% 的补贴率。其他企业获得它们两家的简单平均补贴率 10.81%。

美国国际贸易委员会 2014 年 11 月 7 日公布最终裁决,③自中国进口的三氯异氰尿酸对美国国内产业造成了实质性损害的威胁。

反补贴命令的正式下达是 2014 年 11 月 13 日。④ 命令决定将 ITC 实质性损害威胁裁决公布之前进口商缴纳的担保或保证金全部退还,同时继续执行终裁公布的反补贴率并要求美国进口商进口涉案产品时缴纳相应的保证金。

---

① *Countervailing Duty Investigation of Chlorinated Isocyanurates From the the People's Republic of China: Preliminary Determination*, 79 FR 10097 (February 24, 2014).

② *Chlorinated Isocyanurates From the People's Republic of China: Final Affirmative Countervailing Duty Determination*; 2012, 79 FR 56560 (September 22, 2014).

③ *Chlorinated Isocyanurates From China and Japan, ITC Final Determinations*, 79 FR 66404 (November 7, 2014).

④ *Chlorinated Isocyanurates From the People's Republic of China: Countervailing Duty Order*, 79 FR 67424 (November 13, 2014).

二、应诉过程

我们代理的应诉企业是河北冀衡，位于河北省衡水市的五邑县。作者曾经从1997年开始代理中化天津和中化广东应诉癸二酸的反倾销年度行政复审，[①]他们的生产商之一是衡水东风化工厂。于是作者自1997～2003年6年去过衡水多次，但印象最深的是最初的两次。

第一次是1997年的10月10日去衡水东风化工厂收集生产要素的数据，准备回答和填报反倾销复审的D卷。

第二次去衡水是4个月后的1998年2月。那年春节过后，美国商务部要对癸二酸的复审进行核查。2月15日一早，我们去北京国贸饭店接上商务部的两位核查官员一路先去天津，首先核查中化天津的对美销售，然后于2月17日下午到达衡水，第二天开始核查东风化工的生产和成本部分。核查总共进行了两天，除了生产耗电稍有波折外其他都十分顺利。

我们在正文第一章提到美国商务部的反补贴调查程序基本顺序是发放调查问卷收集信息、根据所获信息作出初裁、实地核查信息的准确性和完整性、评议抗辩、终裁、颁布命令。三氯异氰尿酸的反补贴调查问卷是2013年10月30日发放的，我们收到后立即开始准备答卷的草稿和所需提交文件的清单，尤其是这些文件清单要尽早发给企业进行准备，到时去到企业现场可以尽快收集整理和翻译。由于已经亲身经历过塑编带和钢绞线的反补贴调查，虽不能说经验丰富，但当时确实胸

① 癸二酸的反倾销年度复审期间是每年的7月1日至次年的6月30日。笔者开始参加的是第三次年度复审(1996年7月1日～1997年6月30日)。后来中化天津在连续三个复审中(1998～1999年、1999～2000年、2000～2001年)都获得零税率，于是被从反倾销命令中排除。不久后在2004年的日落复审中，美国国际贸易委员会认为命令的撤销不会对美国国内产业造成损害或损害威胁的继续。这一裁决导致此案的反倾销命令最后于2004年5月26日(生效日)被取消。

有成竹。

河北冀衡的初始问卷答卷是2013年12月23日提交的。提交之前的修改工作以及后来的补充问卷答卷都是在珠海校园一边教学一边完成的。之后，又去过衡水3次，一次是参加美国商务部的核查，另两次分别是初裁后①和终裁后跟冀衡的领导商量下一步的工作。河北冀衡参与应诉的关联企业共有4家：冀衡化学、冀衡集团、冀衡百康化工和冀衡化肥，其中冀衡化学、冀衡集团和冀衡百康化工存在交叉拥有关系。冀衡化学是强制调查企业必须回答完整问卷。冀衡集团作为控股母公司，冀衡百康化工作为生产涉案产品的子公司，也都必须回答问卷。冀衡化肥本来与冀衡化学只是普通的关联关系而非交叉拥有关系，尽管提供了生产涉案产品的原材料投入但并非涉案产品本身，按法律规定没有必要回答完整问卷。我们也尽力希望避免牵扯面过宽，即增大工作量又做无用功，所以一开始就没有打算回答和提交冀衡化肥的问卷。然而美国商务部基于怀疑冀衡化肥与冀衡集团存在交叉拥有的关系，于第二年的1月10日通知我们，硬是要求冀衡化肥也必须提交完整答卷。不久之后在1月下旬又发了一份补充问卷，大部分问题也是关于冀衡集团内部的关联和交叉拥有的关系。

2014年2月24日，美国商务部公布了初步裁决。河北冀衡获得18.57%的补贴率，其中最大一项是关于用电的补贴，占16.14%。这有两方面的原因，一是氯碱行业的耗电量特别多，是有名的电老虎；二是美国商务部认为中国政府在用电问题上不配合调查，于是根据既有事实进行不利推断认定中国政府提供了具有专项性的财政资助，并决定采用全国最高的浙江省电价和河北省南部电价作为基准与冀衡公司适

---

① 这一次是2014年3月3日去的。主要是向河北冀衡的领导解释初裁补贴率高的原因，劝说他们不要沮丧，接下来应该做好核查准备以及我们在终裁前的抗辩策略等。

用的较低电价比较得出授予了补贴利益。[①] 关于低价供应电力的补贴，除了最早的一些反补贴调查外，美国商务部后来总是找各种理由说中国政府不合作，这一次的理由主要是中国政府没有按要求详细解释各省发电、输电和配电的成本变化如何导致电价的调整。事实上，各省电力生产的成本与电价的关系十分复杂，中央政府可能很难掌握如此全面的信息。

初裁在美国联邦记事（又称联邦政府公告）上的正式刊登是2月24日，但由于公告的发表有一个一至二周的延迟，一般美国商务部各种裁决的实际时间都要早于公告正式刊登公布的时间。例如这次三氯异氰尿酸的初裁是2月11日签发的，我们收到的时间是13日。同时收到的还有初裁裁决备忘录和有关冀衡补贴率计算的各种文件。拿到这些文件后马上开始分析，针对浙江省电价的时间段和氯碱行业的优惠电价在14日起草了发现显著性行政错误的报告，[②]经过几次修改后于19日提交。然而美国商务部并没有采纳，他们认为这不是行政（计算）错误，而是他们特意使用的方法。

不过这一次在政策性贷款和原材料尿素的低价供应问题上倒是作出了有利于中国企业的裁决。关于给予氯碱行业政策性贷款的调查项目，美国商务部尽管在问卷中要求应诉企业回答并提交所有的贷款信息，但在初裁中裁定这项补贴没有被应诉企业使用。美国商务部并没有给出理由为什么这项指控不属于企业获得的补贴，对方似乎也没有努力争辩。尿素的供应不存在补贴主要是缺乏法律和事实专项性。尽管有10个左右的行业使用尿素，但是与国际上通常所见的情况类似，

---

① *Countervailing Duty Investigation of Chlorinated Isocyanurates From the the People's Republic of China: Decision Memorandum for the Preliminary Determination* (February 11, 2014).

② 这个报告是在新西兰首都惠灵顿的酒店房间里起草的，那几天作者正在新西兰旅游。

中国国内使用尿素的行业主要是农业而不是化学工业。因此即使存在低价供应尿素的补贴,化学工业也并非占主导的补贴受益行业。在确定其他长期融资的补贴利益时,人民币长期贷款的外部基准改为将彭博 N 年期 BB 级企业债券与两年期 BB 级企业债券的平均收益差加到短期贷款基准利率上,得出 N 年期长期贷款的基准利率。另外初裁还裁定冀衡化肥与冀衡集团之间并不存在交叉拥有的关系。

在河北冀衡的实地核查是 2014 年 5 月 29 日至 31 日,一共 3 天时间。这次来了 4 位核查官员,其中兰奇和沃克这两位以前打过交道,态度比较友好,这为后来核查进程中的一些小磕碰起到了舒缓和润滑的作用。第一天我们主动报告了问卷答卷中未报告的高新技术企业研发费用的所得税加计扣除,希望能够被接受作为一个核查前的微小更正,但他们经请示后没有同意。奇怪的是后来在核查报告中这件事轻描淡写的一带而过,终裁时也没有计算这部分的补贴。① 前两天的核查都很顺利,谁知第二天晚上下班后,公司有关人员告知漏报了一个分公司的用电。大家纠结了很久,再三讨论斟酌利害,最后还是决定第三天核查开始时向商务部主动报告,以免万一被发现后当场宣布中止核查。次日一早,我们向商务部报告了这一漏报,解释说是由于分公司和集团之间的交流疏忽造成。这时出现了一个令人担心的情况,美国商务部的官员们要闭门开会,让我们等候结果。最后他们经过内部商议,还是同意继续核查,真是有惊无险,在场的每个人都惊出一身冷汗。我们估计他们最终还是会做某种对我们不利的调整,但由于我们主动报告,应该不会是惩罚性的结果。美国商务部后来在美国还核查了冀衡的美国进口商,确认没有接受中国进出口银行的买方信贷。

---

① 唯一可能的解释是,这项补贴申诉方并没有指控,调查过程中也没有关注,美国商务部的官员可能也不想给自己添麻烦。但这类的好事儿在以后的反补贴调查中再也没有出现过了。

按照美国商务部的规定，最后一份核查报告发出后，申诉方和应诉方可以就初裁和核查的结论提交评论报告，一般称为案情摘要。提交案情摘要后的 5 天内各方可以对对方的案情摘要进行反驳。我们于 2014 年 7 月 31 日提交了案情摘要，后又于 8 月 28 日重新提交了修改的版本，主要还是涉及浙江省电价和河北省南部电价作为基准的不当性以及氯碱行业用电的特殊性，希望美国商务部在终裁时慎重考虑，做出公平合理的裁决。

在美国商务部 2014 年 9 月 22 日的最终裁决公告中，河北冀衡获得 20.06% 的补贴率。除了用电的补贴率比初裁增加了 1.49% 以外，其他部分全都维持初裁的结果。果然不出所料，美国商务部对核查时漏报的部分用电根据既有事实做了虽然不利但还算比较合理的调整，而不是大家担心的惩罚处理。[①] 9 月 29 日第 4 次去衡水，跟河北冀衡的领导商量反补贴命令颁布后是否要求司法审查和下一步的年度复审工作。后来我们对美国商务部采用浙江省电价和河北省南部电价与冀衡实际支付的电价比较时的尖峰、峰、平、谷等不同时段的错位比较处理向纽约的美国国际贸易法院提出司法审查，但最后法官维持了美国商务部的裁决。

三、小结

这个案子的要点是用电的补贴率太高。美国商务部计算低价提供电力补贴利益的做法在所有的反补贴调查中都是一样的，但一般行业这项补贴的利益都很小。之所以出现如此高的用电补贴主要是由于冀

---

① *Countervailing Duty Investigation of Chlorinated Isocyanurates From the the People's Republic of China: Issues and Decision Memorandum for the Final Determination* (September 8, 2014).

衡的生产工艺,即电解饱和盐溶液制成氯气和烧碱的过程对用电需求量特别大。另外一家强制应诉企业没有电解工序,氯气和烧碱都是从外部采购,所以用电量很少,用电的补贴率也就非常低。有点讽刺的是,这个电解制造氯气和烧碱的工艺过程恰恰是2004年关于三氯异氰尿酸的反倾销调查中,河北冀衡获得相对较低倾销幅度的主要原因。由此可见,双反的杀伤力的确是蛮大的。

主要收获是进一步加深了对交叉拥有关系和补贴归属问题的理解。出口补贴归属到出口涉案产品公司的出口销售,控股母公司的补贴归属到母公司与子公司的合并销售,两家生产涉案产品的公司各自所获得的补贴归属到两家公司的合并销售。

主要经验有三点:一是第一次开始起草初裁后的关于行政错误的报告,这份报告也构成了后来案情摘要的基础;二是在核查出现意外情况时能够做到不慌乱,审时度势选择最佳应对方案;三是主动控制核查节奏并尝试做了必要的核查记录和笔记,①以便总结经验教训可供今后参考。需要反思的是,反补贴的知识和经验还远远不够,还需继续不断的努力学习;再就是现场表达观点、阐述理由和解释现象时不尽如人意,这方面的能力也还需大力提升。

另外,发现与塑编带和钢绞线不同的一点是,美国商务部在初始调查问卷中开始明确要求那些向强制调查企业供应涉案产品的生产商和那些向美国销售强制调查企业所生产的涉案产品的贸易公司,无论是

① 以往的案件都是美国律师控制核查节奏并做核查记录。这次核查并没有邀请美国律师参加,完全由中方律师负责核查的全过程。

否关联，也都必须回答完整问卷。①

第四节　污水铸铁管件反补贴调查

一、案情背景

2017 年 7 月 13 日，美国国内 3 家污水铸铁管件生产商组成的协会向美国商务部和美国国际贸易委员会递交了申请书，要求对原产自中国的污水铸铁管件同时发起反倾销和反补贴调查。2017 年 8 月 2 日，美国商务部正式启动了对污水铸铁管件的双反调查（公告立案的时间是 8 月 8 日），本案反补贴调查的案件号为 C－570－063，调查期为 2016 年全年。

根据美国海关的统计数据，美国商务部于 2017 年 8 月 18 日选择了 3 家中国企业为强制调查企业：山西泫氏工业集团公司、石家庄诚美进出口公司和安徽崇商国际贸易公司。8 月 21 日美国商务部向中国政府和强制调查企业发出反补贴调查问卷。中国政府、两家强制调查企业山西泫氏和安徽崇商分别于 9 月和 11 月向美国商务部提交了反补贴问卷的关联关系答卷，初始调查问卷的答卷以及补充问卷的答卷。石家庄诚美没有提交任何答卷。

---

① 英文是这样描述的："Please note that if your company exported subject merchandise produced by other companies in the PRC during the POI, it is necessary for those producers to respond to this questionnaire. Likewise, if your company sold the subject merchandise to an export trading company which then exported the subject merchandise to the United States during the POI, it is necessary for that company to respond to this questionnaire. If either of these situations applies to your company, you must notify the Department in writing within 14 days of the date of this questionnaire."

美国商务部于2017年12月19日公布初步裁决。[①] 山西汯氏工业集团的补贴率为8.66%,安徽崇商的补贴率为12.72%,石家庄诚美进出口公司获得惩罚性的补贴率为102.31%。所有其他企业的补贴率为山西汯氏和安徽崇商两家的补贴率根据公开版对美销售金额的加权平均计算为10.37%。初裁还决定将反补贴调查的终裁推迟到与并行进行的反倾销调查终裁同时公布。

美国商务部于2018年1月19日公布修正的初步裁决。[②] 山西汯氏工业集团的补贴率仍为8.66%,安徽崇商的补贴率降为7.37%,石家庄诚美进出口公司获得惩罚性的补贴率降为96.96%。所有其他企业的补贴率也降为8.12%。

美国商务部2018年7月11日公布最终裁决。[③] 山西汯氏工业集团的补贴率提高为34.87%,安徽崇商的补贴率维持不变仍为7.37%,石家庄诚美进出口公司获得惩罚性的补贴率为133.94%。所有其他企业的补贴率为山西汯氏和安徽崇商两家的补贴率根据公开版对美销售金额的加权平均计算为23.28%。

美国国际贸易委员会2018年8月28日公布最终裁决,[④]自中国进口的污水铸铁管件(地漏产品除外)对美国国内产业造成了实质性损害。

反补贴命令的正式下达是2018年8月31日,继续执行终裁公布的

---

① *Cast Iron Soil Pipe Fittings from the People's Republic of China: Preliminary Affirmative Countervailing Duty Determination and Alignment of Final Determination With Final Antidumping Duty Determination*, 82 FR 60178 (December 19, 2017).

② *Cast Iron Soil Pipe Fittings From China: Amended Preliminary Determination of Countervailing Duty Investigation*, 83 FR 2768 (January 19, 2018).

③ *Cast Iron Soil Pipe Fittings From the People's Republic of China: Final Affirmative Countervailing Duty Determination*, 83 FR 32075 (July 11, 2018).

④ *Cast Iron Soil Pipe Fittings From China, ITC Final Determinations*, 83 FR 43899 (August 28, 2018).

反补贴率，但将地漏产品排除。①

二、应诉过程

我们受聘代理安徽崇商应诉，虽然经历了一个极为艰难的应诉过程，但最终还是获得了非常理想的结果。② 安徽崇商不仅是反补贴调查的强制应诉企业，而且在 2017 年 9 月 5 日又被美国商务部选为反倾销强制调查企业。由于反倾销调查我们准备报告构造出口价格（Constructed Export Price，CEP）的销售，这样美国关联进口商也要回答问卷，提交许多额外的信息。尤其是需要中美两边互相协调，光是交流沟通的工作量就增大不少。另外一个更加令人头疼的是安徽崇商仅仅是外贸出口公司，自己并不生产涉案产品，都是从其他铸造厂采购。最主要的一家生产供应商是广州五龙平安铸造公司，位于广州市花都区，而安徽崇商则位于合肥市高新区，二者之间隔着 1000 多千米。这次还有一个特殊之处，就是出口商与生产商没有关联关系。按照美国商务部的规定，那些向强制调查企业供应涉案产品的生产商，无论是否关联，也都必须回答完整问卷。

与以往一样，我们收到调查问卷后马上开始准备回答调查问卷中的有关问题和所需提交的文件，团队的一部分成员于 9 月上旬就先去了现场收集信息。根据现场了解到的情况以及过去的经验，与美国律师一起讨论如何确定应诉方案。我是 2017 年 9 月 24 日从国外赶回北京，26 日飞广州。由于反补贴重点调查的是生产商获得的国内补贴，反

---

① *Cast Iron Soil Pipe Fittings From the People's Republic of China: Countervailing Duty Order*, 83 FR 44566 (August 31, 2018).

② 这一年，即 2017 年，离第一次代理淄博艾福迪应诉塑料编织带的反补贴调查已经过去 10 年，也是作者从事反倾销反补贴应诉工作 20 周年。时光荏苒、岁月蹉跎，还能继续为中国企业的利益奔走，感慨万端。

倾销应诉的难点是报告生产要素的单位消耗，于是决定先去广州的铸造厂。在白云机场降落后，首先与已经到达的团队主要成员以及崇商的宋总和销售经理会合，然后前往工厂。第一天在工厂主要是参观生产过程和了解制造工艺，特别关注和留意的是生产涉案产品过程中投入的原材料，这是反补贴和反倾销同时能够获得理想结果的关键所在。

第二天在工厂的办公室开会讨论应诉方案和具体部署，首先建立产品代码与产品控制码的关系和生产要素的标准消耗率，其次确定生产、销售、财务和采购四部分与应诉工作有关的工作计划与负责人。这里面涉及许多细节比如原材料的采购，产品销售，产量与消耗，水、电、包装材料等的购买，人工工时等，以及有关的支持文件如生产记录，会计账页，财务报表等。除原材料采购和产品销售外，其中大部分的内容其实与反倾销调查有关。第三天一早大家又一起飞到合肥，开始出口销售方面的准备工作。在安徽崇商的展示室里看到很多样品，对什么是污水铸铁管件才算是有了比较直观的感性认识。结合在工厂现场观察时得到的印象，感觉反补贴获得低税率的要点是原材料废钢和铸铁的外部基准价格以及铸造生产的耗电量。

经过一个多礼拜的补充修改，安徽崇商和广州五龙平安的反补贴初始问卷的答卷分别于10月9日和10日提交。不久美国商务部又针对初始问卷的答卷发过一个补充问卷，我们10月30日提交了答卷。由于同时并行进行的反倾销调查中，有一个双重救济的问题，美国商务部为此发出了一个关于双重救济的调查问卷，用来确定国内补贴能否及在多大程度上冲减加权平均的倾销幅度。[①] 我们于11月27日提交了这份双重救济问卷的答卷。不过美国商务部在反倾销的裁决中认为根据我们提交的信息，也许存在对原材料的补贴与制造成本之间的关系，

① 参见本书第九章第二节第一小节关于双重救济的详细说明。

但不能确定制造成本对出口销售价格的影响,因此无法得出存在双重救济的结论。

美国商务部2017年12月11日签发了初裁决定(正式公布是12月19日)和初裁备忘录,[①]山西泫氏工业集团的补贴率为8.66%,安徽崇商的补贴率为12.72%。对崇商补贴率贡献最大的是所谓的政府低价供应废钢和铸铁这两个主要的原材料,其中铸铁的补贴率是2.35%,废钢的补贴率是7.94%。这个结果让团队的个别成员感到很沮丧,因为另一家强制调查企业获得的补贴率比安徽崇商的结果要低4个多百分点。我们12月13日收到美国商务部发出的初裁补贴率计算披露文件,随即开始评估商务部的裁决理由和补贴率计算程序。第二天发现一个低价提供原材料的外部基准中关于内陆运费的重复计算,这构成一种法律定义的显著性行政错误。当这一错误被更正后,崇商的补贴率应该降为7.37%。兴奋之余,立刻起草了发现显著性行政错误的报告,发给美国律师向商务部提交。美国商务部于2018年1月19日公布修正的初步裁决。山西泫氏的补贴率仍为8.66%,但安徽崇商的补贴率降为7.37%,团队成员的郁闷和失落感顷刻之间烟消云散。

早在初裁之前的2017年11月1日,美国申诉方又指控了几项新的补贴项目。美国商务部在初裁备忘录中表示将在初裁后启动对新补贴项目的调查,于是在初裁签发两天后的12月13日向中国政府和强制调查企业发出关于新补贴项目的调查问卷。这些新的补贴项目最主要包括政府低价提供铁矿石、冶金焦、焦炭等,没有一项与崇商或五龙平安有关。最终美国商务部在2018年4月18日关于新补贴项目的分析报

① *Decision Memorandum for the Preliminary Affirmative Determination*: *Countervailing Duty Investigation of Cast Iron Soil Pipe Fittings from the People's Republic of China* (December 11, 2017).

告中裁定铁矿石和冶金焦构成政府低价提供的原材料，山西浤氏工业集团公司获得了相应的补贴利益，铁矿石的补贴率为12.00%，冶金焦的补贴率为9.86%。

美国商务部2018年3月7日正式通知我们，现场实地核查的时间是从2018年3月23日至29日，分两个阶段进行。第一阶段从23日至24日，在合肥核查安徽崇商。第二阶段从27日至29日在广州核查五龙平安铸造公司。

根据美国商务部的安排，我们3月22日先从北京飞到合肥进行核查准备。第二天核查正式开始时，发现美国商务部的主管核查官是在两年前刚刚打过交道的熟人麦丹尼。那是2016年3月他们来中国的大连和太仓对氢氟烃产品的反倾销调查进行实地核查。

在合肥的核查一共进行了两天。第一天关于会计系统、公司历史、组织结构、关联和交叉拥有关系、销售、贷款等部分进行得很顺利，下午下班前核查官要我们准备好所有AUL期间补贴项目的有关批准文件和财务记录。我向麦丹尼提议是否准备那些补贴额度较大的项目或他随机抽取一些项目我们来准备，不然这么多年下来尤其是那些补贴额度很小的项目有很多，每笔都核对似乎必要性不大。他的回答是所有项目都要准备，都要核查，这是美国商务部为什么要他们来的目的。[①]结果大家晚上又临时加班把十几年来所有有关补贴的文件都找出来翻译复印好，第二天上午核查官把这些文件很快就都过完了，于是安徽崇商的核查中午时分便提前顺利结束。美国商务部的官员下午去广州，他们在广州休息两天，27日再开始核查五龙平安。我们的一部分团队成员也决定下午赶去广州，打算多花些时间做五龙平安的核查准备。

① 这对我们又是一个提醒，以后对类似的核查不能有侥幸心理，要做好充分和充足的准备。

崇商的宋总看到核查提前结束,建议下午带我们去合肥市里转转。在此之前曾来过两次合肥。一次是去巢湖做小龙虾的复审,只是匆匆路过。还有一次是石墨电极的反倾销调查,因为强制调查企业方大集团有一家关联生产商合肥碳素厂需要报告生产要素,不过那次也就待了一两天。

第二天是3月25日星期天,我们和宋总一起从合肥飞到广州,利用核查前的两天时间一边准备五龙平安的反补贴核查,一边同时准备将于4月2日开始的反倾销核查。在准备广州五龙平安的核查时发现了几处微小错误,主要是购电报告了含税价以及漏报了几个多年前享受的小额补贴。3月27日第一天核查开始我们提交了这些微小错误的更正,美国商务部的核查官员全部接受,后来在终裁中也没再增加任何更多额外的补贴率。

广州的反补贴核查实际在最后一天29日的中午就结束了。我们坐当天下午的飞机回北京休息了两天,然后于4月1日再下广州着手反倾销的核查准备。作者在后来发给团队成员的关于核查的若干问题与思考一文中总结道:“整个核查过程有惊无险,总体来说比较平稳顺利。反补贴和反倾销调查的两组核查官员认真尽职、仔细全面,但他们的确属于美国商务部中十分少见的非常友善之人。我们自己心里应该明白,遇上这样的官员是我们的幸运,是一个偶然事件,而不是常态。”

美国商务部的反补贴核查报告是5月10日发出的,我们5月11日就起草了案情摘要,挑战美国商务部关于将废钢和铸铁的供应商认定为权力或公共机构的裁决以及计算补贴率时的一系列归零做法。美国代理律师于5月18日以抗辩评论的形式提交了我们的案情摘要。

美国商务部2018年7月11日公布最终裁决。山西泫氏的补贴率大幅提升到34.87%,安徽崇商的补贴率继续维持为7.37%。石家庄诚美进出口公司获得惩罚性的补贴率,且该补贴率也上升到133.94%。

所有其他企业的补贴率为23.28%。[①] 同日,美国商务部还公布了并行的反倾销调查最终裁决。山西泫氏的倾销幅度为84.13%,安徽崇商的倾销幅度为33.67%,其他获得分别税率企业的倾销幅度为58.90%。

本案在美国国际贸易委员会的损害调查中有一个令人可喜的进展,ITC发现了两种国内同类产品,其中地漏产品没有对美国国内产业造成实质损害或威胁。2018年8月28日ITC公布最终裁决,自中国进口的污水铸铁管件(地漏产品除外)对美国国内产业造成了实质性损害。根据美国国际贸易委员会的最终裁决,美国商务部2018年8月31日下达反补贴命令,除继续执行终裁公布的反补贴率外,将地漏产品从命令中明确排除。

故事到这里,我们再多添几句。安徽崇商和广州五龙平安后来又参加了污水铸铁管件的第一次年度复审。在反补贴的复审(2017年12月19日至2018年12月31日)中初裁获得5.13%的补贴率,终裁继续维持该补贴率不变。[②] 在反倾销的复审(2018年2月20日至2019年7月31日)中初裁获得18.16%的倾销幅度,终裁也同样继续维持该倾销幅度不变。[③] 这样安徽崇商和广州五龙平安获得了比初始立案调查还要好的结果。

三、小结

这个案子的要点是美国商务部主观认定废钢和铸铁的私营生产供

---

① *Issues and Decision Memorandum for the Final Affirmative Determination of the Countervailing Duty Investigation of Cast Iron Pipe Fittings from the People's Republic of China* (July 5, 2018).

② *Cast Iron Soil Pipe Fittings from the People's Republic of China: Final Results of Countervailing Duty Administrative Review*; 2017 – 2018, 86 FR 7852 (February 2, 2021).

③ *Cast Iron Soil Pipe Fittings from the People's Republic of China: Final Results of Antidumping Duty Administrative Review*; 2018 – 2019, 86 FR 8762 (February 9, 2021).

应商都是权力机构，他们供应原材料就是提供财政资助，使用废钢和铸铁的行业数量有限所以具有事实专项性，废钢和铸铁的国内市场存在显著扭曲，[①]因此计算原材料投入废钢和铸铁的补贴时必须使用外部基准。铸铁的外部基准采用美国金属市场的月度平均价格，废钢采用了美国金属市场和普氏指数的平均价格。补贴利益就是因为使用偏高的外部基准价格与企业实际支付的价格比较而得出的。

主要收获是了解和掌握了非关联的出口商和涉案产品生产供应商之间累加补贴率的计算方法，就是要将生产商的补贴率按照提供给出口商向美国出口的比例计入出口商的总补贴率。整体应诉经验比之10年前塑料编织带一案丰富了许多，做问卷时更加心中有数，知道一些补贴项目到底想调查什么。特别能在初裁后全面检验核对美国商务部的反补贴率计算程序，及时发现显著性行政错误，大幅降低了安徽崇商的反补贴率（也就是进口商须要交纳的临时反补贴押金）。另外，还能够深入研究各项补贴的裁决理由和补贴利益的计算方法，抓住一些关键问题第一次主动起草抗辩的评论报告，挑战美国商务部关于权力或公共机构提供财政资助的裁决和一系列的归零计算，这更进一步激发了提高英文写作能力的意愿和欲望。

这是作者自认为多年来做过的最成功案例之一。一方面是反倾销、反补贴同时进行，而且最后都获得了同行业中最好的结果。另一方面是第一次在双反调查的案件中有新人参与，出现了老、中、青三代人齐上阵的情景，在培养人才方面也开始积累经验。无论是准备应诉答卷还是参加核查实践，这些年轻人都积极努力、勤奋好学，而且除了法律专业知识以外，都具有一定的会计基础和英语表达能力。下面摘录

① 铸铁的市场扭曲取决于对政府提供信息的分析，废钢的市场扭曲是由于政府没有提供所要求的信息。

几段他们自己写的体会。

其中一位写道：

“总体来说，对于崇商CVD实地核查的体会，就像隔雾看花一般，虽然看的不真切，但勉强可以看出个轮廓，更重要的是能够近距离的体会这种氛围，对自己的认知也是一个提升。”

“让我体会到做一名反倾销律师也是要有匠人情怀的，要全身心地投入，不断磨炼自己的技能，并且始终保持着谨慎的态度。”

“在全部的核查完成之后，重新回想起这段经历，仿佛是一段奇遇，就在一个月之前，我还与反倾销毫无关系，更别说直接参与反倾销过程中最为关键的实地核查，那时的我如何也想不到我会有这样一段非同寻常的经历。通过参与实地核查，也算是对反倾销有了一次管中窥豹的体验，虽然无法做到窥一斑而见全豹，但也让我体会到了这个行业的魅力所在，在最后结果出来之前，什么事都有可能发生，未知的同时也具有挑战性。”

另一位写道：

“很荣幸在一开始接触反倾销反补贴这一行业时就遇到了美国商务部的实地核查，在这次参与核查的过程中，加深了我在之前的培训中学到的反倾销的知识的记忆和理解。”

“在参与实地核查的过程中，更加直观地认识到了英语和会计知识的重要性。对于英语，不光在写作的部分需要加强，以便日后可以写出简明但是用词准确的句子，同时也要熟悉美国会计操作的相关内容，可以在面对核查官时能够更快地找到他们所需要的东西，或者更清晰的表达我们的工作思路。除此之外，也要熟悉我国公司法、商法和会计准则的相关内容。”

还有一位是用英文写的：

“Actually, verification was not horrible as I imagined before. On the contrary, it was a learning process. Especially during CVD verification, I had adequate time to listen and take notes since all thing had prepared very well. I understood why some exhibits made in that way and the purpose of the content in verification outline agenda. To sum up, it was an smooth process in CVD verification but I harvested numerous fruits."

维护中国企业在美国的利益,帮助中国企业保护好在美国的市场,是一项伟大的事业。从这些年轻人的身上已经让作者看到了青春的力量,新一代在成长,我们奋斗多年的事业后继有人。① 关于应诉美国反补贴的案例故事到此也就全部结束了。

---

① 笔者其实还没有完全脱离这项崇高的事业,只是一线去得少了。主要是提提应诉建议,改改文字描述,找找计算错误等。

附录一：补贴

表 1　短期贷款补贴利

贷款控制码	Lender	Date of Loan Agreement	Date of Loan Receipt	Initial Loan Amount (Principal in RMB) (A)	Life of Loan (no. of days if short-term, no. of years if long-term) (B)	Year or Day ("Year" for long-term, "Day" for short-term)	Fixed or Variable Rate Loan	Interest Rate Specified in the Loan Agreement (C)
1	CIBC	2-Feb.-18	2-Feb.-18	10,000,000	360	Day	Fixed Rate	5.5500%
1	CIBC	2-Feb.-18	2-Feb.-18	20,000,000	360	Day	Fixed Rate	5.5500%
1	CIBC	2-Feb.-18	2-Feb.-18	10,000,000	360	Day	Fixed Rate	5.5500%
1	CIBC	2-Feb.-18	2-Feb.-18	20,000,000	360	Day	Fixed Rate	5.5500%
2	Bank of China	4-Dec.-18	4-Dec.-18	10,000,000	360	Day	Fixed Rate	5.8200%
2	Bank of China	4-Dec.-18	4-Dec.-18	10,000,000	360	Day	Fixed Rate	5.8200%
2	Bank of China	4-Dec.-18	4-Dec.-18	10,000,000	360	Day	Fixed Rate	5.8200%
2	Bank of China	4-Dec.-18	4-Dec.-18	10,000,000	360	Day	Fixed Rate	5.8200%
2	Bank of China	4-Dec.-18	4-Dec.-18	10,000,000	360	Day	Fixed Rate	5.8200%
2	Bank of China	4-Dec.-18	4-Dec.-18	10,000,000	360	Day	Fixed Rate	5.8200%
2	Bank of China	4-Dec.-18	4-Dec-18	10,000,000	360	Day	Fixed Rate	5.8200%
2	Bank of China	4-Dec.-18	4-Dec-18	10,000,000	360	Day	Fixed Rate	5.8200%
2	Bank of China	4-Dec.-18	4-Dec-18	10,000,000	360	Day	Fixed Rate	5.8200%
2	Bank of China	4-Dec.-18	4-Dec-18	10,000,000	360	Day	Fixed Rate	5.8200%
2	Bank of China	4-Dec.-18	4-Dec-18	10,000,000	360	Day	Fixed Rate	5.8200%
3	Agriculture Bank	28-Jan.-19	28-Jan.-19	1,000,000	360	Day	Fixed Rate	8.1200%
3	Agriculture Bank	28-Jan.-19	28-Jan.-19	1,000,000	360	Day	Fixed Rate	8.1200%
3	Agriculture Bank	28-Jan.-19	28-Jan.-19	1,000,000	360	Day	Fixed Rate	8.1200%
3	Agriculture Bank	28-Jan.-19	28-Jan.-19	1,000,000	360	Day	Fixed Rate	8.1200%
3	Agriculture Bank	28-Jan.-19	28-Jan.-19	1,000,000	360	Day	Fixed Rate	8.1200%
3	Agriculture Bank	28-Jan.-19	28-Jan.-19	1,000,000	360	Day	Fixed Rate	8.1200%
3	Agriculture Bank	28-Jan.-19	28-Jan.-19	1,000,000	360	Day	Fixed Rate	8.1200%
3	Agriculture Bank	28-Jan.-19	28-Jan.-19	1,000,000	360	Day	Fixed Rate	8.1200%
3	Agriculture Bank	28-Jan.-19	28-Jan.-19	1,000,000	360	Day	Fixed Rate	8.1200%
3	Agriculture Bank	28-Jan.-19	28-Jan.-19	1,000,000	360	Day	Fixed Rate	8.1200%
3	Agriculture Bank	28-Jan.-19	28-Jan.-19	1,000,000	360	Day	Fixed Rate	8.1200%

汇总贷款补贴利益金额：276,750.00

利益计算表

益金额贷款控制码

Date of Principal Payment(s)	Amount of Principal Payment (s) (RMB)	Date (s) of Interest Payment	Amount(s) of Interest Paid (Original Currency) (D)	Principal Balance to Which Each Interest Payment Applies	Total Number of Days Each Interest Payment Covers (E)	外部基准利率 (F)	按基准利率应支付利息 (G) (G=A×E/365×F)	贷款补贴利益 (H) (H=G-D)
—	—	28-Jan.-19	47,792	10,000,000	31	7.98%	68,716.67	20,925.00
—	—	28-Jan.-19	95,583	20,000,000	31	7.98%	137,433.33	41,850.00
28-Jan.-19	10,000,000	28-Jan.-19	10,792	0	7	7.98%	15,516.67	4725.00
28-Jan.-19	20,000,000	28-Jan.-19	21,583	0	7	7.98%	31,033.33	9450.00
—	—	28-Jan.-19	50,117	10,000,000	31	7.98%	68,716.67	18,600.00
—	—	21-Feb.-19	50,117	10,000,000	31	7.98%	68,716.67	18,600.00
—	—	21-Mar.-19	45,267	10,000,000	28	7.98%	62,066.67	16,800.00
—	—	21-Apr.-19	50,117	10,000,000	31	7.98%	68,716.67	18,600.00
—	—	21-May.-19	48,500	10,000,000	30	7.98%	66,500.00	18,000.00
—	—	21-Jun.-19	50,117	10,000,000	31	7.98%	68,716.67	18,600.00
—	—	21-Jul.-19	48,500	10,000,000	30	7.98%	66,500.00	18,000.00
—	—	21-Aug.-19	50,117	10,000,000	31	7.98%	68,716.67	18,600.00
—	—	21-Sep.-19	50,117	10,000,000	31	7.98%	68,716.67	18,600.00
—	—	21-Oct.-19	48,500	10,000,000	30	7.98%	66,500.00	18,000.00
19-Nov.-19	10,000,000	19-Nov.-19	46,883	0	29	7.98%	64,283.33	17,400.00
—	—	21-Feb.-19	5413	1,000,000	24	7.98%	5320.00	0.00
—	—	21-Mar.-19	6316	1,000,000	28	7.98%	6206.67	0.00
—	—	21-Apr.-19	6992	1,000,000	31	7.98%	6871.67	0.00
—		21-May.-19	6767	1,000,000	30	7.98%	6650.00	0.00
—	—	21-Jun.-19	6992	1,000,000	31	7.98%	6871.67	0.00
—	—	21-Jul.-19	6767	1,000,000	30	7.98%	6650.00	0.00
—	—	21-Aug.-19	6992	1,000,000	31	7.98%	6871.67	0.00
—	—	21-Sep.-19	6992	1,000,000	31	7.98%	6871.67	0.00
—	—	21-Oct.-19	6767	1,000,000	30	7.98%	6650.00	0.00
—	—	21-Nov.-19	6992	1,000,000	31	7.98%	6871.67	0.00
		16-Dec.-19	5639	1,000,000	25	7.98%	5541.67	0.00

表 2　低价提供电力

月份	谷千瓦时（度）	谷电价(元/度)	谷基准电价	谷补贴利益	平千瓦时（度）	平电价(元/度)	平基准电价
January	180,000.00	0.3711	0.4486	13,950.00	180,000.00	0.6973	0.6966
February	190,000.00	0.3731	0.4486	14,345.00	190,000.00	0.6973	0.6966
March	195,000.00	0.3731	0.4486	14,722.50	195,000.00	0.6973	0.6966
April	200,000.00	0.3731	0.4486	15,100.00	200,000.00	0.6973	0.6966
May	198,000.00	0.3731	0.4486	14,949.00	198,000.00	0.6973	0.6966
June	188,000.00	0.3731	0.4486	14,194.00	188,000.00	0.6973	0.6966
July	180,000.00	0.3647	0.4486	15,102.00	180,000.00	0.6805	0.6966
August	210,000.00	0.3647	0.4486	17,619.00	210,000.00	0.6805	0.6966
September	195,000.00	0.3647	0.4486	16,360.50	195,000.00	0.6805	0.6966
October	205,000.00	0.3647	0.4486	17,199.50	205,000.00	0.6805	0.6966
November	230,000.00	0.3647	0.4486	19,297.00	230,000.00	0.6805	0.6966
December	225,000.00	0.3647	0.4486	18,877.50	225,000.00	0.6805	0.6966

汇总用电补贴利益金额：223,090.00

的补贴利益金额

平补贴利益	峰千瓦时（度）	峰电价（元/度）	峰基准电价	峰补贴利益	基本费用	其他调整	合计补贴利益
—	180,000.00	1.1214	1.1002	—	36,800.00	−3,039.84	13,950.00
—	190,000.00	1.1188	1.1002	—	36,800.00	−1,060.18	14,345.00
—	195,000.00	1.1188	1.1002	—	—	—	14,722.50
—	200,000.00	1.1188	1.1002	—	—	—	15,100.00
—	198,000.00	1.1188	1.1002	—	—	—	14,949.00
—	188,000.00	1.1188	1.1002	—	—	—	14,194.00
2898.00	180,000.00	1.0911	1.1002	1638.00	19,626.59	573.12	19,638.00
3381.00	210,000.00	1.0911	1.1002	1911.00	36,800.00	−991.31	22,911.00
3139.50	195,000.00	1.0911	1.1002	1774.50	36,800.00	−722.37	21,274.50
3300.50	205,000.00	1.0911	1.1002	1865.50	36,800.00	−344.20	22,365.50
3703.00	230,000.00	1.0911	1.1002	2093.00	36,800.00	−801.81	25,093.00
3622.50	225,000.00	1.0911	1.1002	2047.50	36,800.00	−781.89	24,547.50

表 3 低价供应冷轧

Purc-hase Nu-mber	Month of Purchase	Invoice Number	Invoice Date	HTS#	Supplier Name	Supplier Address	Prod-ucer Name	Prod-ucer Addr-ess	Vol-ume	Unit
1	Janu-ary-19	10,000	26/03/2019	720916	ABC Trading	Shanghai	AnGang	Anshan City	30.35	Metric Tons
2	Janu-ary-19	20,000	26/03/2019	720916	ABC Trading	Shanghai	AnGang	Anshan City	48.56	Metric Tons
3	Febru-ary-19	30,000	26/04/2019	720916	ABC Trading	Shanghai	AnGang	Anshan City	48.56	Metric Tons
4	Febru-ary-19	40,000	13/04/2019	720916	ABC Trading	Shanghai	AnGang	Anshan City	39.25	Metric Tons
5	Mar-ch-19	50,000	13/05/2019	720916	ABC Trading	Shanghai	AnGang	Anshan City	39.25	Metric Tons
6	Mar-ch-19	60,000	13/05/2019	720916	ABC Trading	Shanghai	AnGang	Anshan City	39.25	Metric Tons
7	April-19	70,000	13/06/2019	720916	ABC Trading	Shanghai	AnGang	Anshan City	39.25	Metric Tons
8	April-19	80,000	13/06/2019	720916	ABC Trading	Shanghai	AnGang	Anshan City	39.25	Metric Tons
9	May-19	90,000	13/07/2019	720916	ABC Trading	Shanghai	AnGang	Anshan City	39.25	Metric Tons
10	May-19	100,000	13/07/2019	720916	ABC Trading	Shanghai	AnGang	Anshan City	39.25	Metric Tons
11	May-19	110,000	13/07/2019	720916	ABC Trading	Shanghai	AnGang	Anshan City	39.25	Metric Tons
12	June-19	120,000	13/08/2019	720916	ABC Trading	Shanghai	AnGang	Anshan City	39.25	Metric Tons
13	June-19	130,000	13/08/2019	720916	XYZ supply CO.	Ningbao	Shagang	Taicang	45.55	Metric Tons
14	June-19	140,000	13/08/2019	720916	XYZ supply CO.	Ningbao	Shagang	Taicang	45.55	Metric Tons

钢板的补贴利益金额

Total Value (RMB, exclusive of VAT)	Average Unit Value (RMB, exclusive of VAT)	Delivery Terms	Total Delivery Charges for Sales Not on Delivered Terms	VAT Rate (%) Paid	VAT Amount Paid	Import Duty Rate (%) (if applicable)	Import Duty Rate Amount Paid (if applicable)	Volume in MT	Unit Value (RMB/MT)	外部基准价格 (RMB/MT)	POI 补贴利益
64,000.00	2108.73	Ex-Works	2400.00	17%	10,880.00	N/A	—	30.35	2546.29	6456.06	118,661.54
98,000.00	2018.12	Ex-Works	2400.00	17%	16,660.00	N/A	—	48.56	2410.63	6456.06	196,446.47
98,000.00	2018.12	Ex-Works	2400.00	17%	16,660.00	N/A	—	48.56	2410.63	6287.14	188,243.33
88,000.00	2242.04	Ex-Works	2400.00	17%	14,960.00	N/A	—	39.25	2684.33	6287.14	141,410.10
88,000.00	2242.04	Ex-Works	2400.00	17%	14,960.00	N/A	—	39.25	2684.33	6228.25	139,098.75
88,000.00	2242.04	Ex-Works	2400.00	17%	14,960.00	N/A	—	39.25	2684.33	6228.25	139,098.75
88,000.00	2242.04	Ex-Works	2400.00	17%	14,960.00	N/A	—	39.25	2684.33	6307.54	142,210.83
88,000.00	2242.04	Ex-Works	2400.00	17%	14,960.00	N/A	—	39.25	2684.33	6307.54	142,210.83
88,000.00	2242.04	Ex-Works	2400.00	17%	14,960.00	N/A	—	39.25	2684.33	6317.28	142,593.16
88,000.00	2242.04	Ex-Works	2400.00	17%	14,960.00	N/A	—	39.25	2684.33	6317.28	142,593.16
88,000.00	2242.04	Ex-Works	2400.00	17%	14,960.00	N/A	—	39.25	2684.33	6317.28	142,593.16
88,000.00	2242.04	Ex-Works	2400.00	17%	14,960.00	N/A	—	39.25	2684.33	6406.56	146,097.31
97,000.00	2129.53	Ex-Works	200.00	17%	16,490.00	N/A	—	45.55	2495.94	6406.56	178,128.61
97,000.00	2129.53	Ex-Works	200.00	17%	16,490.00	N/A	—	45.55	2495.94	6406.56	178,128.61

Purc-hase Nu-mber	Month of Purchase	Invoice Number	Invoice Date	HTS#	Supplier Name	Supplier Address	Prod-ucer Name	Prod-ucer Addr-ess	Vol-ume	Unit
15	July-19	150,000	26/08/2019	720916	XYZ supply CO.	Ningbao	Shagang	Taicang	45.55	Metric Tons
16	July-19	160,000	26/08/2019	720916	XYZ supply CO.	Ningbao	Shagang	Taicang	45.55	Metric Tons
17	Augu-st-19	170,000	26/09/2019	720916	XYZ supply CO.	Ningbao	Shagang	Taicang	45.55	Metric Tons
18	Augu-st-19	180,000	26/09/2019	720916	XYZ supply CO.	Ningbao	Shagang	Taicang	46.90	Metric Tons
19	Septem-ber-19	190,000	25/10/2019	720916	XYZ supply CO.	Ningbao	Shagang	Taicang	46.90	Metric Tons
20	Septem-ber-19	200,000	25/10/2019	720916	XYZ supply CO.	Ningbao	Shagang	Taicang	34.90	Metric Tons
21	Octo-ber-19	210,000	25/11/2019	720916	XYZ supply CO.	Ningbao	Shagang	Taicang	46.90	Metric Tons
22	Octo-ber-19	220,000	25/11/2019	720916	XYZ supply CO.	Ningbao	Shagang	Taicang	46.90	Metric Tons
23	Novem-ber-19	230,000	25/12/2019	720916	Hangzhou Trading	Hangzhou	Shagang	Taicang	42.50	Metric Tons
24	Novem-ber-19	240,000	25/12/2019	720916	Hangzhou Trading	Hangzhou	Shagang	Taicang	195.25	Metric Tons
25	Decem-ber-19	250,000	22/01/2020	720916	Hangzhou Trading	Hangzhou	Shagang	Taicang	195.25	Metric Tons
26	Decem-ber-19	260,000	13/02/2020	720916	Hangzhou Trading	Hangzhou	Shagang	Taicang	195.25	Metric Tons

汇总冷轧钢板补贴利益金额：5,368,181.80

续表

Total Value (RMB, exclusive of VAT)	Average Unit Value (RMB, exclusive of VAT)	Delivery Terms	Total Delivery Charges for Sales Not on Delivered Terms	VAT Rate (%) Paid	VAT Amount Paid	Import Duty Rate (%) (if applicable)	Import Duty Rate Amount Paid (if applicable)	Volume in MT	Unit Value (RMB/MT)	外部基准价格 (RMB/MT)	POI 补贴利益
97,000.00	2129.53	Ex-Works	200.00	17%	16,490.00	N/A	—	45.55	2495.94	6260.17	171,460.57
97,000.00	2129.53	Ex-Works	200.00	17%	16,490.00	N/A	—	45.55	2495.94	6260.17	171,460.57
97,000.00	2129.53	Ex-Works	200.00	17%	16,490.00	N/A	—	45.55	2495.94	6240.41	170,560.78
99,000.00	2110.93	Ex-Works	200.00	17%	16,830.00	N/A	—	46.90	2474.05	6240.41	176,637.62
99,000.00	2110.93	Ex-Works	200.00	17%	16,830.00	N/A	—	46.90	2474.05	6251.70	177,166.85
75,000.00	2148.80	Ex-Works	200.00	17%	12,750.00	N/A	—	34.90	2519.82	6251.70	130,254.66
99,000.00	2110.93	Ex-Works	200.00	17%	16,830.00	N/A	—	46.90	2474.05	6074.72	168,866.65
99,000.00	2110.93	Ex-Works	200.00	17%	16,830.00	N/A	—	46.90	2474.05	6074.72	168,866.65
89,000.00	2094.12	Ex-Works	200.00	17%	15,130.00	N/A	—	42.50	2454.82	5928.90	147,648.20
465,000.00	2381.56	Delivered	—	17%	79,050.00	N/A	—	195.25	2786.43	5928.90	613,567.48
465,000.00	2381.56	Delivered	—	17%	79,050.00	N/A	—	195.25	2786.43	5690.85	567,088.58
465,000.00	2381.56	Delivered	—	17%	79,050.00	N/A	—	195.25	2786.43	5690.85	567,088.58

表 4　原材料（冷轧钢

World Market Prices	Jan–19	Feb–19	Mar–19	Apr–19	May–19
Average Unit Value（USD/MT）	662.35	642.30	633.64	641.74	641.63
Ocean Freight	51.52	52.47	54.48	55.34	56.55
Average World Market Price Delivered	713.87	694.77	688.11	697.08	698.18
Import Duty（8%）	57.11	55.58	55.05	55.77	55.85
Composite Assessable Price for VAT	770.98	750.35	743.16	752.84	754.03
VAT（17%）	131.07	127.56	126.34	127.98	128.19
Inland Freight	20.25	20.25	20.25	20.25	20.25
Total Benchmark Price USD（Inclusive of Freight）	922.29	898.16	889.75	901.08	902.47
Total Benchmark Price RMB（Inclusive of Freight）	6456.06	6287.14	6228.25	6307.54	6317.28

板）外部基准价格

Jun-19	Jul-19	Aug-19	Sep-19	Oct-19	Nov-19	Dec-19
652.45	636.21	633.52	633.49	613.85	600.20	574.76
55.82	55.52	55.97	57.27	56.90	54.07	52.59
708.27	691.72	689.49	690.76	670.76	654.27	627.36
56.66	55.34	55.16	55.26	53.66	52.34	50.19
764.93	747.06	744.65	746.03	724.42	706.61	677.55
130.04	127.00	126.59	126.82	123.15	120.12	115.18
20.25	20.25	20.25	20.25	20.25	20.25	20.25
915.22	894.31	891.49	893.10	867.82	846.99	812.98
6406.56	6260.17	6240.41	6251.70	6074.72	5928.90	5690.85

附录二:美国反补贴名词术语汇编

本名词术语汇编是为了方便读者查询而汇总了本书或反补贴问卷中出现的许多有关法律和程序的名词和技术性术语(按英文字母顺序排列),并给出简单的翻译和最基本通俗的解释。因此,这些名词和术语的翻译与解释并不具有法律效力,也不保证绝对精确。若出现疑难或具体问题,读者应参考本书正文或直接查询美国有关反补贴的法律法规原文,而不应仅仅依据这些概括性的解释而得出结论。

行政当局或调查机构(Administering Authority)

行政当局是负责调查是否存在补贴的调查机构,一般专指美国商务部(英文缩写为“DOC”)。

行政保护令(Administrative Protective Order)

行政保护令(英文缩写为“APO”)是商务部用来控制向利害关系方的代理人有限披露商业专有信息的法律机制。只有在利害关系方的代理人提交同意接受以下四个条件的申请时,商务部才授权在行政保护令下发放专有信息:(1)只在反补贴程序中使用这些信息;(2)使信息安全,防止披露给任何不受行政保护令约束的人;(3)报告任何违反行政保护令条款的行为;(4)知悉如果违反行政保护令条款,将受到制裁。

行政记录(Administrative Record)

与调查有关的所有文件,包括但不限于问卷答复、评论、案情摘要、外部基准数据等。

从价补贴率(Ad Valorem Subsidy Rate)

分摊到调查或复审期内的补贴利益金额除以同期补贴利益所归属的那些产品的销售总额,计算出一个以百分比表示的补贴率。

不利推定(Adverse Inference)

在选取作为既有事实的信息时,如果商务部发现利害关系人未能尽其最大能力给予合作以满足对信息的要求时,法律授予商务部做出对该利害关系人不利的推断。但当存在下列情形时,可以使用没有完全满足所有要求的信息:(1)在适用的截止日期内提交的信息;(2)该信息可以被核查;(3)不是如此不完整以致不能作出裁决依据的信息;(4)该利害关系人可以确认其已尽最大能力;(5)在没有不应有的困难情况下,商务部能够使用该信息。最后,如果一方利害关系人立即告知商务部其在按照要求规定回答信息时有困难,那么商务部将考虑在必要范围内修改信息要求规定,以避免为该利害关系人强加不合理的负担。①

关联人和关联关系(Affiliation and Affiliated Relationship)

关联关系指两个或两个以上公司之间存在的一种特殊关系。根据《1930年关税法》19 U. S. C. 1677(33)对于"关联人"的定义,下列人员之间应该被认定为"关联人或关联方",他们之间存在"关联关系":

(1)同一家庭的成员们互为关联方。此处的"家庭成员"包括同父母或异父母的兄弟姐妹、配偶、被继承人及直系后裔等。

(2)某一机构与该机构的管理人员或董事互为关联方。

---

① 参见《1930年关税法》第776和第782(c)至(e);参见商务部条例第351.308。

(3)合伙的成员互为关联方。

(4)雇主与雇员互为关联方。

(5)任何人如果直接或间接拥有、控制、持有某一机构(如公司)5%或以上已发行、有表决权的股票或股份,则该人与该机构互为关联方。

(6)两个或两个以上的人直接或间接控制任何人、被该人所控制、或与该人一道共同受制(于第三人),此时前述人等互为关联方。

(7)控制其他人的人与该受控制人互为关联关系。

如果一人在法律上或经营上处于一种制约或命令他人的地位,那么该人应认定为控制另一人。

分摊补贴利益(Allocation of Benefits)

一般指将一次性补贴利益的总金额分摊到调查或复审期所对应的年份,也就是计算从价补贴率的分子。

不利事实推定(As Facts Available)

又称根据既有事实进行不利推定,是根据既有事实进行不利推定的简化英文表述(英文缩写为“AFA”),详见既有事实和不利推定。

归属(Attribution of Subsidies)

分摊补贴利益金额时所对应的产品。

权力机构(Authority)

出口国政府或出口国领土内的公共机构。

平均使用寿命(Average Useful Life of Renewable Physical Assets)

有形固定资产如设备厂房等一般都有一定的使用年限。同一类固定资产的平均使用年限就是平均使用寿命。平均使用寿命的确定根据美国国税局的折旧标准决定。

准确性保证书(Certification of Accuracy)

任何向美国商务部提交事实性信息的人必须在其提交的资料中包含一份该事实性信息是完整和准确的保证书。保证书必须由一名负责提交事实性信息的知情官员和该利害关系方的律师或其他代理人(如果有聘请)签署。

可诉补贴(Countervailable Subsidies)

可诉补贴又称可反补贴,包括出口补贴、进口替代补贴、任何具有法律或事实专项性的国内补贴。

反补贴法律和条例(Countervailing Duty Law and Regulation)

美国反补贴法律包含在经修订的《1930 年关税法》第 7 编(19 U. S. C. 1671)。管理反补贴调查程序的美国商务部条例和规定主要指《联邦法规汇编》第 19 卷 第 351 部分(19 C. F. R. Part 351)。

紧急情况(Critical Circumstances)

反补贴调查申请书提交后至初裁前一段时间,进口商为避免临时反补贴措施而大量进口涉案产品的情况。一旦裁定紧急情况存在,则进口商一般须对初裁前 90 天内进口的涉案产品按照美国商务部初裁或终裁公布的补贴率提交现金保证金、保函或其他担保。

交叉拥有关系(Cross-Owned Relationship)

交叉拥有关系的定义是一家企业可以像使用自己的资产一样使用另外一家企业的资产。除特别情形外(如拥有"黄金股"),一般具有多数或控股股权就可以被认为交叉拥有关系成立。此外,两家企业同时与第三家企业交叉拥有,那么他们之间也存在交叉拥有关系。

分母或除数(Denominators)

补贴利益所归属到的那些产品的销售总额。

直接税(Direct Tax)

直接税是指税负不能转嫁,而由纳税人直接负担的税收。一般是指所得税,包括对工资、利润、利息、租金、专利权使用费以及其他形式的收入征收的税,对不动产所有权征收的税(土地使用税、房产税)等。

国内补贴(Domestic Subsidies)

国内补贴就是那些即不属于出口补贴也不属于进口替代补贴的所有其他补贴。国内补贴并不自动具有专向性,需要经过认定才能成为可诉补贴。

双重救济(Double Remedies)

美国商务部在反补贴调查中认定低价获得原材料、电力等生产要素为可反的国内补贴,并采用与外部基准价格相比较的方式将该补贴的利益计入汇总的补贴率。但同时美国商务部将中国视为非市场经济国家,采用生产要素的方法和无补贴的替代价格计算中国企业的制造成本,于是这样构造出来的制造成本比由于所谓国内补贴造成的本来应该降低的制造成本更高,从而导致一个人为偏高的构造正常价值,最终产生一个偏高的倾销幅度。这种在同时进行的反倾销调查和反补贴调查中对同一调查对象采取两次措施的行为就是双重救济。

出口买方信贷(Export Buyer Credit)

中国进出口银行向出口企业的客户(一般为美国的进口商)提供的帮助他们购买中国产品的信贷。

出口信贷担保(Export Credit Guarantee)

权力或公共机构为企业获得出口所需贷款提供的担保。

出口信用保险(Export Credit Insurance)

又称出口信贷保险。如果买方不能按期付款,由出口国有关的承保机构负责赔偿的一种出口保险。

出口卖方信贷(Export Seller Credit)

中国进出口银行向出口企业提供的专门用于鼓励出口的信贷。

出口补贴(Export Subsidies)

出口补贴是一种根据出口业绩而给予的补贴,自动具有专向性。出口补贴的形式一般主要是政府为出口提供的货物和服务比为内销提供的货物和服务更优惠,或生产出口产品被减免、缓交或返还的税费多于生产内销产品的相应税费。

应收账款贴现(Factoring of Accounts Receivable)

企业用应收账款向金融机构抵押提前支取客户应该支付的货款。

既有事实(Facts Available)

美国商务部尽量依据反补贴调查问卷的答卷作出其补贴存在与否的裁决,但由于种种原因,做出该裁决所需的数据可能无法获得或不能使用。在此种情况下,法律要求商务部依据“其他既有事实”(更多时候称为“既有事实”,也经常被译为“可获得的事实,或可获得的信息”)做出裁决。更具体地说,如果在反补贴程序的案卷中无法获得必要的信息,那么商务部必须使用既有事实。另外,在利害关系人或其他任何人出现下列行为之一时,商务部必须使用既有事实:(1)拒绝提供商务部要求的信息;(2)未能按照要求的日期或以要求的方式及形式提供要求的信息;(3)显著妨碍调查程序;(4)提供无法核查的信息。

财政资助(Financial Contribution)

主要有四大类:(1)资金的直接转移,比如赠款、贷款以及股权注入,或潜在的资金或债务的直接转移,比如贷款担保;(2)放弃或不征收本来应该征收的税收,比如给予税收抵扣,或减免应税收入;(3)提供除一般基础设施外的货物或服务;(4)购买货物。

进口费用(Import Charges)

进口费用是指对进口产品征收的关税以及其他形式的财政收费,不包括间接税。

进口替代补贴(Import Substitution Subsidies)

进口替代补贴是指根据使用国产货物而非进口货物的情况提供的补贴,自动具有专向性。例如,外商投资企业由于没有购买进口设备而是购买国产设备所获得的退返增值税即是一种进口替代补贴。

间接税(Indirect Tax)

间接税是指在生产、流通等环节中征收的流转中间税。一般包括销售税、消费税、营业税、增值税、特许税、印花税、转让税、存货税、设备税、边境税,或除直接税和进口费用以外的所有税项。

范围内的产品(In Scope Merchandise)

反倾销或反补贴调查或命令范围内的产品,也称为被调查产品。

发票贴现(Invoice Discounting)

企业用出口发票向金融机构抵押提前支取进口商应该支付的

货款。

被调查产品(Merchandise under Investigation)

反倾销或反补贴调查范围内的产品。调查启动通告中专门有一段针对产品调查范围的描述,如受调查产品的物理特征、产品用途以及仅供参考的关税编码等,并且明确哪些产品被排除在外。凡是包括在这一范围内的所有种类、类型的产品都统一称为被调查产品。

一次性补贴(Non-Recuring Subsidies)

通常其授予的利益会给接受补贴的企业带来持续多年的受益。这一类的补贴项目主要包括:拨款、政府投股或股权注入、债务免除、经营亏损补助、债转股、提供固定资产如厂房和设备、出让土地使用权等。这类补贴利益一般采用特殊的分摊公式在平均使用寿命上进行分摊。

补贴利益的0.5%测试(Non-Recuring Subsidies 0.5% Test)

如果获得批准的一次性补贴的金额占公司在该补贴项目批准之年的相关销售(总销售额、出口销售额、某个产品的销售额或某个市场的销售额)不到0.5%,那么就不采用特殊的分摊公式分摊补贴金额,而是将根据该项补贴获得的补贴利益金额直接分摊到获得补贴利益的年份,又称将补贴金额在获益年份费用化。

重复式补贴(Recuring Subsidies)

补贴项目具有重复性,每年这样的补贴都会以同样的形式但可能不同的金额反复出现。这一类的补贴项目主要包括:贷款、贷款担保、直接税(所得税)减免、采购材料的间接税或进口关税的免征或多退、低于适当报酬供应货物或服务、对产品销售价格的支持性支付、公用事业如水电等的价格折扣、运费补贴、出口促销资助、对员工的补贴和资助、上游补贴、货币低估等。这类补贴利益一般不采用分摊公式进行分摊，而是直接将全部的补贴利益分摊到获得补贴利益的年份。

追溯式征收反补贴税(Retrospective Assessment Countervailing Duties)

美国进口商在进口涉案产品时交纳的是反补贴保证金或现金押金，实际应该缴纳的反补贴税额需要根据年度行政复审所确定的税率来进行结税清算，以前所缴纳的保证金或现金押金多退少补，并适当加计利息。

补贴的专向性(Specificity of Subsidy)

专门针对某些特定企业或行业的补贴。一般分为法律、事实、区域等专项性。

涉案产品(Subject Merchandise)

涉案产品是被调查产品范围所涵盖的那些特定类别的产品，一般特指向美国或在美国销售的被调查产品。

补贴(Subsidy)

出口国权力或公共机构向企业或行业提供财政资助，并且这些财政资助授予了利益。

补贴利益(Subsidy Benefits)

当一项财政资助提供了比资助接受者从市场上本该获得的条件更加优惠的条件时，无论由此减少了支出还是增加了收入。授予利益的四种主要情形，(1)股权注入：如果投资决定与股权注入所在国的私人投资者的通常做法，包括提供风险资本的做法，不一致；(2)贷款：如果接受贷款的公司支付使用贷款的费用不同于公司支付从市场上获得的可比商业贷款的使用费用；(3)贷款担保：如果获得担保的公司支付使用担保贷款的费用不同于公司支付使用无担保的可比商业贷款的费用；(4)提供货物或服务：以低于充分报酬(低价)提供货物或服务，以及以高于充分报酬(高价)采购货物。

上游补贴(Upstream Subsidies)

权力或公共机构为生产制造涉案产品使用的投入产品所提供的补贴。

核查(Verification)

为确定以调查问卷的答卷和其他信息要求的形式提交的信息完整性与准确性，商务部审查提供信息的利害关系人的有关记录，对准备过调查问卷的答卷并熟悉答卷中数据来源的公司人员进行面谈，这些过程就叫核查(又称实地核查)。商务部必须要核查，为初始立案调查或适当提出撤销反倾销令要求的行政复审，作出终裁所依据的信息。如果利害关系人提出核查要求，并且在最近两次对该生产商或出口商的复审中一直没有对该生产商或出口商进行核查，或出示了核查的正当理由，那么商务部也必须核查复审程序中提交的信息。[①]

---

① 参见《1930 年关税法》第 782(i)，商务部条例第 351.307。

附录三：2000 年 1 月 1 日至 2021 年 4 月 30 日

产品名称	发起调查日期		同案的其他国家及地区	国际贸易委员会初裁	商务部		
					倾销		
	国际贸易委员会	商务部			单独税率	分别税率	全国税率
2021							
除雪机及部件（Certain Walk–Behind Snow Throwers and Parts Thereof）	2021.4.6	2021.4.26					
移动作业平台（Certain Mobile Access Equipment and Subassemblies Thereof）	2021.3.4	2021.3.25		有损害			
五氟乙烷（Pentafluoroethane（R–125））	2021.1.19	2021.2.8		有损害			
2020							
集装箱地盘车及部件（Certain Chassis and Subassemblies）	2020.8.5	2020.8.26		有损害	无	无	188.05%
金属储物柜及部件（Certain Metal Lockers and Parts Thereof）	2020.7.15	2020.8.5		有损害	23.09% 46.58%	26.87%	322.25%
扎带（Twist Ties）	2020.7.2	2020.7.27		有损害	72.96%（2家既得事实）	72.96%	72.96%
手扶式割草机（Walk–behind Lawn Mowers）	2020.6.2	2020.7.16	越南	有损害	67.95%	67.95%	84.26%
床垫（Mattresses）	2020.4.7	2020.4.24	柬埔寨、印度尼西亚、马来西亚、塞尔维亚、泰国、土耳其和越南	有损害			

美国对中国发起的反倾销和反补贴调查一览表

初裁		商务部终裁					国际贸易委员会终裁	命令发布之日
补贴		倾销			补贴			
单独税率	其他税率	单独税率	分别税率	全国税率	单独税率	其他税率		
38.52%	38.52%	无	无	188.05%	44.32%	44.32%	有损害（反补贴）	2021.5.10（反补贴）
36.83%	36.83%							
122.5%（5家既得事实）	122.50%	72.96%（2家既得事实）	72.96%	72.96%	111.96%（5家既得事实	111.96%	有损害	2021.4.14
22.74% 14.68%	17.19%							
97.78%（既得事实）	97.78%				97.78%（既得事实）	97.78%	有损害	2021.5.14

产品名称	发起调查日期		同案的其他国家及地区	国际贸易委员会初裁	商务部		
					倾销		
	国际贸易委员会	商务部			单独税率	分别税率	全国税率
不可重复充装钢瓶（Non-Refillable Steel Cylinders）	2020.4.2	2020.4.22		有损害	57.83% 95.14%	69.09%	114.58%
小型立轴发动机（Small Vertical Shaft Engines）	2020.3.25	2020.4.14		有损害	374.31% 316.88%	342.88%	541.75%
缓蚀剂（Corrosion Inhibitors）	2020.2.11	2020.3.3		有损害	122.11% 128.06%	125.09%	260.92%
二氟甲烷［Difluoromethane（R-32）］	2020.1.29	2020.2.24		有损害	161.49% 221.06%	196.19%	221.06%
立轴发动机（Vertical Shaft Engines）	2020.1.23	2020.2.18		有损害	219.07% 401.14%	326.17%	543.18%
木模具和木制品（Wood Mouldings and Millwork Products）	2020.1.15	2020.2.5	巴西	有损害	40.30% 146.91%	79.40%	359.16%
2019							
液力端（Fluid End Blocks）	2019.12.27	2020.1.15	德国、印度、意大利	有损害			
玻璃容器（Glass Containers）	2019.10.2	2019.10.21		有损害	24.90% 7.60%	13.76%	255.68%
成排钢制码钉（Certain Collated Steel Staples）	2019.6.14	2019.7.3	中国台湾、韩国	有损害	301.64% 301.64%（既得事实）	301.64%	301.64%
立式金属文件柜（Vertical Metal File Cabinets）	2019.5.7	2019.5.24		有损害	无	无	198.50%
瓷砖（Ceramic Tile Products）	2019.4.16	2019.5.8		有损害	114.49% 244.26%	178.20%	356.02%

续表

初裁		商务部终裁					国际贸易委员会终裁	命令发布之日
补贴		倾销			补贴			
单独税率	其他税率	单独税率	分别税率	全国税率	单独税率	其他税率		
25.91% 22.97% 190.67%（7家既得事实）	24.11%	93.09% 74.33%	79.99%	112.21%	25.91% 18.37% 186.18%（7家既得事实）	21.28%	有损害	2021.5.11
13.45% 21.29%	17.37%	374.31% 316.88%	342.88%	541.75%	2.84% 18.13%	10.46%	有损害	2021.5.4
92.23% 54.37% 237.19%（3家既得事实）	73.30%	130.52% 139.41%	134.97%	277.90%	93.05% 61.62% 239.21%、（3家既得事实）	77.34%	有损害	20221.3.19
		161.49% 221.06%	196.19%	221.06%			有损害	2021.3.11
19.61% 37.75%	30.98%	177.65% 336.26%	270.95%	468.33%	17.75% 19.29%	18.72%	有损害	2021.3.4
13.61% 245.34%（既得事实）	13.61%	44.6% 230.36%（既得事实）	44.60%	230.36%	20.56% 252.29%（既得事实）	20.56%	有损害	2021.2.10
16.18% 22.21% 138.53%（既得事实）	21.57%				16.80% 19.88% 337.07%(既得事实）	19.52%	有损害	2021.1.29
23.25% 22.60% 315.73%（47家既得事实）	22.93%	44.10% 31.07%	35.71%	255.68%	27.10% 25.46% 320.53%（47家既得事实）	26.28%	无损害	
12.38% 156.99%（2家既得事实）	12.38%	96.15% 122.55%(既得事实）	96.15%	122.55%	12.32% 192.64%（2家既得事实）	12.32%	有损害	2020.7.20
227.10%	227.10%	无	无	198.50%	271.79%	271.79%	有损害	2019.12.13
103.77% 222.24%（既得事实）	103.77%	229.04% 356.02%(既得事实）	229.04%	356.02%	358.81%（2家既得事实）	358.81%	有损害	2020.6.1

产品名称	发起调查日期		同案的其他国家及地区	国际贸易委员会初裁	商务部		
					倾销		
	国际贸易委员会	商务部			单独税率	分别税率	全国税率
木制橱柜和洗手台（Wooden Cabinets and Vanities）	2019.3.12	2019.4.2	越南	有损害	4.49% 80.96% 262.18%（既得事实）	39.25%	262.18%
碳合金钢螺杆（Carbon and Alloy Steel Threaded Rod）	2019.2.28	2019.3.19	印度、中国台湾、泰国	有损害	4.81 % 27.07%	21.04%	59.45%
预制钢结构（Fabricated Structural Steel）	2019.2.11	2019.3.4	加拿大、墨西哥	有损害	57.86% 52.09% 0.00%	55.76%	141.38%
2018							
聚酯加工丝（Polyester Textured Yarn）	2018.10.25	2018.11.19	印度	有损害	77.15%（既得事实）	76.07%	77.15%
铝电线电缆（Aluminum Wire and Cable）	2018.9.27	2018.10.18		有损害	63.47%（既得事实）	58.51%	63.47%
重复充装不锈钢桶（Refillable Stainless Steel Kegs）	2018.9.26	2018.10.16	德国、墨西哥	有损害	2.01%	2.01%	79.71%
床垫（Mattresses）	2018.9.24	2018.10.17		有损害	38.56% 84.64%	74.65%	1731.75%
钢制拖车车轮（Steel Trailer Wheels）	2018.8.15	2018.9.15		有损害	44.35%（既得事实）	38.27%	44.35%
钢架（Steel Racks）	2018.6.26	2018.7.17		有损害	18.08%	18.08%	144.50%
丙烷钢瓶（Steel Propane Cylinders）	2018.5.29		中国台湾、泰国	有损害	33.86%	41.08% 33.37%	108.60%

续表

初裁		商务部终裁					国际贸易委员会终裁	命令发布之日
补贴		倾销			补贴			
单独税率	其他税率	单独税率	分别税率	全国税率	单独税率	其他税率		
10.97% 16.49% 21.78% 229.24%（2家既得事实）	16.41%	4.37% 101.46% 262.18% （既得事实）	48.50%	262.18%	13.33% 18.27% 31.18% 293.45% （2家既得事实）	20.93%	有损害	2020.4.21
23.41% 24.89%	23.83%	4.26% 14.16%	11.47%	59.45%	31.02% 66.81%	41.17%	有损害	2020.4.9
30.30% 36.07% 177.43%（12家既得事实）	32.64%	61.71% 90.52% 154.14% （既得事实）	72.19%	154.14%	27.34% 34.70% 206.49% （12家既得事实）	30.28%	无损害	
32.04% 459.98%（既得事实）	32.04%	77.15%（既得事实）	76.07%	77.15%	32.18% 473.09% （既得事实） 472.51% （既得事实）	32.18%	有损害	2020.1.6
11.57% 15.77% 164.16%	13.67%	63.47%（既得事实）	58.51%	63.47%	33.44% 165.63% （2家既得事实）	33.44%	有损害	2019.12.23
15.78% 144.30%（既得事实）	15.78%	0.00%	0.00%	77.13%	16.21% 145.23% （既得事实）	16.21%	有损害	2019.12.16
		57.03% 192.04%	162.76%	1731.75%			有损害	2019.12.16
58.30% 293.27% （既得事实）	58.30%	44.35%（既得事实）	38.27%	44.35%	386.45% （既得事实） 388.31% （既得事实）	387.38%	有损害	2019.9.3
5.04% 10.45% 150.49%（16家既得事实）	8.81%	18.06%	18.06%	144.50%	1.50% 102.23% （既得事实）	1.50%	有损害	2019.9.16
42.77% 145.37%（6家既得事实）	42.77%	26.28%	37.41% 25.52%	108.60%	37.91% 142.37% （6家既得事实）	37.91%	有损害	2019.8.15

产品名称	发起调查日期		同案的其他国家及地区	国际贸易委员会初裁	商务部		
					倾销		
	国际贸易委员会	商务部			单独税率	分别税率	全国税率
石英台面制品（Quartz surface products）	2018.4.23	2018.5.16		有损害	289.62% 242.10%	290.86%	314.29%
甘氨酸（Glycine）	2018.4.3	2018.4.25	印度、日本、泰国	有损害			
钢制车轮（Steel Wheels）	2018.4.3	2018.4.24		有损害	无	无	231.70%
橡皮筋（Rubber Bands）	2018.2.5	2018.2.27	斯里兰卡、泰国	有损害	无	无	27.27%
铸铁污水管（Cast Iron Soil Pipe）	2018.2.1	2018..2.23		有损害	302.61%	302.61%	302.61%
大口径焊管（Large Diameter Welded Pipe）	2018.1.23	2018.2.20	加拿大、希腊、印度、韩国、土耳其	有损害	无	无	132.63%
塑料装饰带(Plastic Decorative Ribbon）	2018.1.3	2018.1.23		有损害	45.16% 50.93% 370.04%（既得事实）	48.05%	370.04%
2017							
普通合金铝板（Common Alloy Aluminum Sheet）	2017.12.8	2017.12.4		有损害	167.16% 167.16%（2家既得事实）	167.16%	167.16%
葡萄糖酸(Gluconic Acid ）	2017.12.6	2018.1.4	法国	有损害（损害威胁）	213.15%（既得事实）	213.15%	213.15%
锻钢件（Forged Steel Fittings）	2017.10.12	2017.11.1	意大利、中国台湾	有损害	7.42%	7.42%	142.72%
聚四氟乙烯树脂（Polytetrafluoroet-hylene Resin）	2017.10.4	2017.10.26	印度	有损害	84.75% 69.34%	78.74%	208.16%
不锈钢法兰（Stainless Steel Flanges）	2017.8.22	2017.9.11	印度	有损害	257.11%（1家既得事实）	无	257.11%

续表

初裁		商务部终裁					国际贸易委员会终裁	命令发布之日
补贴		倾销			补贴			
单独税率	其他税率	单独税率	分别税率	全国税率	单独税率	其他税率		
34.38% 178.45%(2家既得事实)	34.38%	265.81% 333.09% (既得事实)	297.40%	336.69%	45.32% 190.99% (既得事实)	45.32%	有损害	2019.7.11
144.01% (既得事实)	144.01%				144.01% (既得事实)	144.01%	有损害	2019.6.21
58.75% 172.51% (既得事实)	58.75%	无	无	231.70%	457.1%(既得事实)	457.10%	有损害	2019.5.24
125.77% (既得事实)	125.77%	无	无	27.27%	125.77%(既得事实)	125.77%	有损害	2019.2.19
13.11% 111.20% (既得事实)	13.11%	235.93%	235.93%	235.93%	14.69% 109.27%	14.69%	有损害	2019.5.3
198.49%(3家既得事实)	198.49%	无	无	132.63%	198.49% (3家既得事实)	198.49%	有损害	2019.3.6
14.27% 21.81% 94.67% (既得事实)	13.54%	54.21% 62.04% 370.04% (既得事实)	58.13%	370.04%	18.03% 14.27% 94.67%	16.15%	有损害	2019.3.16
31.20% 34.99% 113.30%(2家既得事实)	33.10%	49.85% 59.72% (2家既得事实)	49.85%	59.72%	46.48% 55.02% 116.49% (2家既得事实)	50.75%	有损害	2019.2.6 (反倾销) 2019.2.8 (反补贴)
194.67% (既得事实)	194.67%	213.15%(既得事实)	213.15%	213.15%	194.67%(既得事实)	194.67%	有损害	2018.11.13
13.79%	13.79%	8.00%	8.00%	142.72%	13.41%	13.41%	有损害	2018.11.26
		91.65% 54.41%	77.13%	218.88%			无损害	
174.73%(4家既得事实)	174.73%	257.11%(既得事实)	无	257.11%	174.73% (4家既得事实)	174.73%	有损害	2018.6.5 (反补贴) 2018.8.1 (反倾销)

产品名称	发起调查日期		同案的其他国家及地区	国际贸易委员会初裁	商务部		
					倾销		
	国际贸易委员会	商务部			单独税率	分别税率	全国税率
铸铁污水管配件（Cast Iron Soil Pipe Fittings）	2017.7.20	2017.8.8		有损害	68.37% 78.86% 109.95% （既得事实）	88.47%	109.95%
细旦涤纶短纤（Fine Denier Polyester Staple Fiber）	2017.6.7	2017.6.27	印度、韩国、中国台湾、越南	有损害	63.26% 181.46%	122.36%	181.46%
冷拔管（Cold-Drawn Mechanical Tubing of Carbon and Alloy Steel）	2017.4.25	2017.5.16	德国、印度、意大利、韩国、瑞士	有损害	61.59% 186.89% （既得事实）	61.59%	186.89%
工具箱柜（Tool Chests and Cabinets）	2017.4.18	2017.5.9	越南	有损害	90.40% 168.93% （既得事实）	145.99%	168.93%
封箱钉（Carton Closing Staples）	2017.4.7	2017.4.27		有损害	13.74% 58.93% （既得事实）	13.74%	58.93%
铝箔（Aluminum Foil）	2017.3.15	2017.3.30		有损害	96.81% 162.24% （既得事实）	138.16%	162.24%
2016							
硬木胶合板（Hardwood Plywood）	2016.11.28	2016.12.16		有损害	0% 114.72% （既得事实）	57.36%	114.72%
硫酸铵（Ammonium Sulfate）	2016.6.1	2016.6.22		有损害	无	无	493.46% （既得事实）
碳钢与合金钢定尺板（Carbon and Alloy Steel Cut-to-Length Plate）	2016.4.14	2016.5.5	奥地利、比利时、巴西、法国、德国、意大利、日本、韩国、南非、中国台湾、土耳其	有损害	无	无	68.27% （既得事实）

续表

初裁		商务部终裁					国际贸易委员会终裁	命令发布之日
补贴		倾销			补贴			
单独税率	其他税率	单独税率	分别税率	全国税率	单独税率	其他税率		
8.66% 12.72% 102.31%	10.37%	27.18% 22.11% 360.39%	24.65%	360.39%	7.37% 34.87% 133.94%	23.28%	有损害	2018.8.31
41.73% 47.64%	44.69%	72.22% 65.17%	68.70%	103.06%	37.75% 47.57%	42.66%	有损害	2018.3.16（反补贴） 2018.7.20（反倾销）
33.31% 35.69%	34.50%	44.92% 186.89%（既得事实）	44.92%	186.89%	21.41% 18.27%	19.84%	有损害	2018.2.1（反倾销） 2018.6.11（反补贴）
17.32% 32.07% 112.99%（既得事实）	27.13%	97.11% 244.29%（既得事实）	97.11%	244.29%	15.09% 14.03% 95.96%（既得事实）	14.39%	有损害	2018.1.24（反倾销） 2018.6.4（反补贴）
		263.4%（2 家既得事实）	115.65%	263.40%			有损害	2018.5.8
28.33% 16.56% 80.97%（2 家既得事实）	22.45%	48.64% 106.09%	84.94%	106.09%	19.98% 17.14% 80.97%（2 家既得事实）	18.56%	有损害	2018.4.19
9.89% 111.09%（既得事实）	9.89%	183.36% 183.36%（既得事实）	183.36%	183.36%	22.98% 194.90%（既得事实）	22.98%	无损害	2018.1.4
206.72%（既得事实）	206.72%（既得事实）	无	无	493.46%（既得事实）	206.72%（既得事实）	206.72%（既得事实）	有损害	2017.3.9
210.50%	210.50%	无	无	68.27%	251.00%	251.00%	有损害	2017.3.20

产品名称	发起调查日期		同案的其他国家及地区	国际贸易委员会初裁	商务部		
					倾销		
	国际贸易委员会	商务部			单独税率	分别税率	全国税率
羟基乙叉二膦酸（1-hydrox-yethylidene-1, 1-diphosphonic acid）	2016.4.7	2016.4.28		有损害	179.97% 137.61%	168.95%（2家）	179.97%
1,1,1,2-四氟乙烷（1,1,1,2-Tetrafluoroethane 即R-134a）	2016.3.9	2016.4.1		有损害	232.30%	232.30%	232.30%
不锈钢板材和带材（Stainless Steel Sheet and Strip）	2016.2.19	2016.3.10（反倾销） 2016.3.14（反补贴）		有损害	76.64%（2家既得事实）	63.86%（2家）	76.64%
卡车和公共汽车轮胎（Truck and Bus Tires）	2016.2.4	2016.2.25		有损害	30.36%	30.36%	30.36%
非晶硅织物（Certain Amorphous Silica Fabric）	2016.1.26	2016.2.23		有损害	162.47%（2家既得事实）	无	162.47%

续表

初裁		商务部终裁					国际贸易委员会终裁	命令发布之日
补贴		倾销			补贴			
单独税率	其他税率	单独税率	分别税率	全国税率	单独税率	其他税率		
2.37% 1.04% 36.33%（既得事实）	1.71%						有损害	2017.5.18
		148.79%	148.79%	167.02%			有损害	2017.4.19
57.30% 193.12%（既得事实）	57.30%	76.64%（2 家既得事实）	63.86%（2 家）	76.64%	75.60% 190.71%（既得事实）	75.60%	有损害	2017.4.3
17.06% 23.38%	20.22%	9.00%	9.00%	22.57%	38.61% 65.46%	52.04%	有损害（国际贸易委员会 2017 年 3 月 17 日发布无损害裁决，后起诉方上诉至 CIT，于 2019 年 1 月 30 日国际贸易委员会根据 CIT 的裁决重新做出终裁有损害的裁决）	2019.2.15
4.36% 28.25% 104.10%（既得事实）	4.36%	162.47%（2 家既得事实）	无	162.47%	48.94% 79.90% 165.39%（既得事实）	64.42%	有损害	2017.3.17

产品名称	发起调查日期		同案的其他国家及地区	国际贸易委员会初裁	商务部		
					倾销		
	国际贸易委员会	商务部			单独税率	分别税率	全国税率
双轴土工格栅产品（Certain Biaxial Integral Geogrid Products）	2016.1.20	2016.2.16		有损害	0% 38.92%	无	66.74%
新型气动非公路用轮胎（Certain New Pneumatic Off-the-Road-Tires）	2016.1.15	2016.2.10	印度、斯里兰卡	进口量小，终止调查（16.3.1）			
2015							
大型家用洗衣机（Large Residential Washers）	2015.12.22	2016.1.12		有损害	49.88% 111.09%	无	80.49%
铁制机械传动件（Certain Iron Mechanical Transfer Drive Components）	2015.11.3	2015.11.25	加拿大	有损害	2.17%	2.17%	401.68%
冷轧钢铁产品（Cold-Rolled Steel Products）	2015.8.3	2015.8.24	巴西、印度、日本、韩国、荷兰、俄罗斯、英国	有损害	无	无	265.79%
氢氟烃混合物及其成分（Hydrofluorocarbon Blends and Components）	2015.7.2	2015.7.22		有损害	92.88% 91.99%	92.60%	210.46%
耐腐蚀钢产品（Corrosion-Resistant Steel Products）	2015.6.9	2015.6.30	印度、意大利、韩国、中国台湾	有损害	255.8%（既得事实）	255.8%（既得事实）	255.80%
聚对苯二甲酸乙二醇酯树脂（Certain Polyethyelene Terephthalate Resin）	2015.3.17	2015.4.6	加拿大、印度、阿曼	有损害	125.12% 131.16%	129.42%	145.94%

续表

初裁		商务部终裁					国际贸易委员会终裁	命令发布之日
补贴		倾销			补贴			
单独税率	其他税率	单独税率	分别税率	全国税率	单独税率	其他税率		
5.91% 20.79% 119.13%（既得事实）	12.99%	无	无	372.81%	15.61% 56.24% 152.50%（既得事实）	35.93%	有损害	2017.3.3
		38.43% 57.37%	无	49.72%			有损害	2017.2.6
2.68% 33.94% 166.77%（既得事实）	15.51%	13.64%	13.64%	401.68%	33.26% 163.46%	33.26%	无损害	
227.29%（既得事实）	227.29%	无	无	265.79%	256.44%（既得事实）	256.44%	有损害	2016.7.14
		101.82%	101.82%	216.37%			混合物（blends）有损害、单质（components）无损害	2016.8.19
26.26% 235.66%（既得事实）	26.26%	209.97%（既得事实）	209.97%（既得事实）	209.97%	39.05% 241.07%（既得事实）	39.05%	有损害	2016.7.25
4.27% 18.88%	11.58%	104.98% 118.32%	114.47%	126.58%	6.83% 47.56%	27.20%	有损害	2016.5.6

产品名称	发起调查日期		同案的其他国家及地区	国际贸易委员会初裁	商务部		
					倾销		
	国际贸易委员会	商务部			单独税率	分别税率	全国税率
非涂布纸（Certain Uncoated Paper）	2015.1.27	2015.2.18	澳大利亚、巴西、印度尼西亚、葡萄牙	有损害	97.48%	无	193.30%
2014							
三聚氰胺（Melamine）	2014.11.18	2014.12.9	特立尼达和多巴哥	有损害	无	无	363.31%
无螺栓钢制货架（Boltless Steel Shelving Units Prepackaged for Sale）	2014.9.2	2014.9.22		有损害	22.64% 85.26%	50.23%	112.68%
乘用车和轻型卡车轮胎（Certain Passenger Vehicle and Light Truck Tires）	2014.6.9	2014.7.21		有损害	19.17% 18.58%	18.99%	87.99%
53 英尺内陆干货集装箱（53-Foot Domestic Dry Containers）	2014.4.29	2014.5.19		有损害	98.82%	无	104.59%
碳钢及合金钢盘条（Carbon and Certain Alloy Steel Wire Rod）	2014.2.6	2014.2.27		有损害	106.19%	106.19%	110.25%
晶体硅光伏产品（Certain Crystalline Silicon Photovoltaic Products）	2014.1.8	2014.1.29	中国台湾	有损害	26.33% 58.87%	42.33%	165.04%
2013							
次氯酸钙（Calcium Hypochlorite）	2013.12.24	2014.1.14		有损害	无	无	210.52%
1,1,1,2- 四氟乙烷（1,1,1,2-Tetrafluoroethane,R-134a）	2013.10.28	2013.12.9		有损害	133.47% 237.33%	187.48%	237.33%

续表

初裁		商务部终裁					国际贸易委员会终裁	命令发布之日
补贴		倾销			补贴			
单独税率	其他税率	单独税率	分别税率	全国税率	单独税率	其他税率		
5.82% 126.42%（既得事实）	5.82%	84.05%	无	149%	7.23% 176.75%（既得事实）	7.23%	有损害	2016.3.3
147.62% 150.52%	148.20%	无	无	363.31%	154.00% 156.90%	154.58%	有损害	2015.12.28
12.21% 14.53% 55.75%（既得事实）	13.37%	17.55%	17.55%	112.68%	12.4% 15.05% 80.39%	13.73%	有损害	2015.10.21
17.69% 12.50% 81.29%（既得事实）	15.69%	30.74% 14.35%	25.84%	87.99%	36.79% 20.73% 116.33%（既得事实）	30.61%	有损害	2015.8.10
10.46% 7.13%	8.79%	111.22%	无	107.19%	28.00% 17.13%	22.57%	无损害	
10.30% 81.36%（既得事实）	10.30%	106.19%	106.19%	110.25%	193.31%（既得事实） 178.46%（既得事实）	185.89%	有损害	2015.1.8
35.21% 18.56%	26.89%	26.71% 78.42%	52.13%	165.04%	27.64% 49.79%	38.72%	有损害	2015.2.18
71.72%（3 家）	71.72%	无	无	210.52%	65.85%（3 家既得事实）	65.85%	有损害	2015.1.30
16.18% 4.04% 1.35%	10.11%	280.67%	280.67%	280.67%	22.75% 5.71% 1.87%	14.23%	无损害	

产品名称	发起调查日期		同案的其他国家及地区	国际贸易委员会初裁	商务部		
					倾销		
	国际贸易委员会	商务部			单独税率	分别税率	全国税率
无取向电工钢（Non-Oriented Electrical Steel）	2013.10.22	2013.11.18（反倾销） 2013.11.14（反补贴）	德国、日本、韩国、瑞典、中国台湾	有损害	无	无	407.52%
取向电工钢（Grain-Oriented Electrical Steel）	2013.9.25	2013.10.31	捷克、德国、日本、韩国、波兰、俄罗斯	有损害	无	无	159.21%
谷氨酸钠（Monosodium Glutamate）	2013.9.20	2013.10.31	印度尼西亚	有损害	157.55%	157.55%	157.59%
三氯异氰尿酸（Chlorinated Isocyanurates）	2013.8.29	2013.9.25	日本	有损害			
预应力混凝土轨枕钢丝（Prestressed Concrete Steel Rail Tie Wire）	2013.4.30	2013.5.20	墨西哥、泰国	有损害	14.64%	无	18.02%
冷冻暖水虾（Frozen Warmwater Shrimp）	2013.1.4	2013.1.25	厄瓜多尔、印度、印度尼西亚、马来西亚、泰国、越南	有损害			
2012							
硅砖（Silica Bricks and Shapes）	2012.11.23	2012.12.12		有损害	84.89%	无	91.16%
硬木和装饰胶合板（hardwood and decorative plywood）	2012.10.3	2012.10.24		有损害	0.62% 1.83%	22.14%	63.96%
黄原胶（Xanthan Gum）	2012.6.12	2012.7.2	奥地利	有损害	21.69% 127.65%	74.67%（5家）	154.07%
不锈钢拉制水槽（Drawn Stainless Steel Sinks）	2012.3.7	2012.3.27		有损害	63.87% 54.25%	59.06%	76.53%
应用级风电塔（utility scale wind towers）	2012.1.6	2012.1.24	越南	有损害	30.93% 20.85%	26.25%	72.69%

续表

初裁		商务部终裁					国际贸易委员会终裁	命令发布之日
补贴		倾销			补贴			
单独税率	其他税率	单独税率	分别税率	全国税率	单独税率	其他税率		
125.83%	125.83%	无	无	407.52%	158.88%（既得事实）	158.88%（既得事实）	有损害	2014.12.3
49.15%	49.15%	无	无	159.21%	127.69%	127.69%	无损害	
13.41% 404.03%（既得事实）	13.41%	8.30%	8.30%	8.32%	反补贴调查终止		有损害	2014.11.26
18.57% 1.55%	10.06%				20.06% 1.55%	10.81%	有损害	2014.11.13
		31.40%	无	35.31%			有损害	2014.6.24
5.76%	5.76%				18.16%	18.16%	无损害	
		63.81%	无	73.10%			无损害	
微量幅度（3家） 27.16%（既得事实）	22.63%	55.76% 62.55%	59.46%	121.65%	微量幅度（3家） 27.16%（既得事实）	13.58%	无损害	
		15.09% 128.32%	71.71%（5家）	154.07%			有损害	2013.7.19
2.12% 13.94%	8.03%	39.87% 27.14%	33.51%	76.53%	4.80% 12.21% 12.26%	8.51%	有损害	2014.4.11
13.74% 26.00%	19.87%	47.59% 44.99%	46.38%（3家）	70.63%	21.86% 34.81%	28.34%	有损害	2013.2.15

产品名称	发起调查日期		同案的其他国家及地区	国际贸易委员会初裁	商务部		
					倾销		
	国际贸易委员会	商务部			单独税率	分别税率	全国税率
2011							
晶体硅光伏电池和模块（crystalline silicon photovoltaic cells and modules）	2011.10.19	2011.11.16		有损害	31.14% 31.22%	31.18%	249.96%
高压钢瓶（High Pressure Steel Cylinders）	2011.5.18	2011.6.8		有损害	5.08%	5.08%	26.23%
镀锌钢丝（Galvanized Steel Wire）	2011.4.7	2011.4.27	墨西哥	有损害	131.84% 99.87%	129.11%	235.00%
光学增白剂（Stilbenic Optical Brightening Agents）	2011.4.7	2011.4.27	台湾	有损害	106.22%， 126.25%	无	141.08%
钢制轮毂（Certain Steel Wheels）	2011.4.5	2011.4.26		有损害	141.38% （2家） 110.58%	125.98%	193.54%
2010							
复合木地板（Multilayered Wood Flooring）	2010.10.27	2010.11.18		有损害	0.00% 0.29%	6.78%	27.12%
铝型材（Aluminum Extrusions）	2010.4.6	2010.4.27 （反倾销） 2010.4.28 （反补贴）		有损害	59.31%	59.31%	59.31%
钻杆（Drill Pipe）	2010.1.6	2010.1.27 （反补贴） 2010.1.28 （反倾销）		有损害	206.00% 2.66% 0%	104.33% （3家）	429.29%
2009							
无缝精制铜管（Seamless Refined Cooper Pipe and Tube）	2009.9.30	2009.10.27	墨西哥	有损害	10.26% 58.69%	34.48% （6家）	60.50%
钠和钾磷盐（Certain Sodium and Potassium Phsphate Salts）	2009.9.24	2009.10.21		有损害	95.40% （2家）	69.58% （4家）	95.40%

续表

初裁		商务部终裁					国际贸易委员会终裁	命令发布之日
补贴		倾销			补贴			
单独税率	其他税率	单独税率	分别税率	全国税率	单独税率	其他税率		
4.73% 2.90%	3.61%	18.32% 31.73%	25.96%	249.96%	15.97% 14.78%	15.24%	有损害	2012.12.7
22.34%	22.34%	6.62%	6.62%	31.21%	15.81%	15.81%	有损害	2012.6.21
48.81% 48.90% 21.59% 253.07%	44.46%	194%	194%	235%	223.27% （3家） 19.06%	19.06%	无损害	
		91.78% 61.04%	无	106.17%			有损害	2012.5.10
26.24% 35.62% 46.59%	40.30%	82.92% （2家） 44.96%	63.94%	193.54%	25.66% 32.62% 38.32%	34.55%	无损害	
2.25% 0% 27.01%（既得事实）	2.25%	3.97% 2.63% 0%	3.30%	58.84%	1.5% 26.73%(既得事实）	1.50%	有损害	2011.12.8
137.65% （3家） 6.18% 10.37%	137.65%	33.28%	32.79%	33.28%	374.15% （3家） 9.94% 8.02%	374.15%	有损害	2011.5.26
15.72%	15.72%	69.32% 微量幅度 （2家）	69.32% （3家）	429.95%	18.18%	18.18%	有损害	2011.3.3
		11.25% 60.85%	36.05% （6家）	60.85%			有损害	2010.11.22
109.11% （3家）	109.11%	95.40% （2家）	69.58% （4家）	95.40%	109.11% （3家）	109.11%	有损害	2010.7.22

产品名称	发起调查日期		同案的其他国家及地区	国际贸易委员会初裁	商务部		
					倾销		
	国际贸易委员会	商务部			单独税率	分别税率	全国税率
涂布纸（Coated Paper Suitable for High–quality Print Graphics Using Sheet–Fed. Presses）	2009.9.23	2009.10.20	印尼	有损害	30.82% 89.71%	60.27%	135.80%
标准钢铁紧固件（Certain Standard Steel Fasteners）	2009.9.23	2009.10.22		无损害（2009.11.6）			
碳钢和合金钢标准管、管线管和压力管（Certain Carbon and alloy Steel Standard, Line and Pressure Pipe）	2009.9.16	2009.10.14		有损害	32.39% 91.93%	62.16%（5家）	98.37%
镁碳砖（Cercain Magnesia Carbon Bricks）	2009.7.29	2009.8.25	墨西哥	有损害	132.74% 304.67%	218.71%	349.00%
窄幅梭织缎带（Narrow Woven Ribbons with Woven Selvedge）	2009.7.9	2009.8.6	中国台湾	有损害	0% 231.40%	115.70%	231.40%
编织电热毯（Certain Woven Electric Blankets）	2009.6.30	2009.7.27		有损害	90.32%	90.32%（2家）	174.85%
金属丝网托盘（Wire Decking）	2009.6.5	2009.7.2		有损害	50.95% 42.61%	46.78%（3家）	289.00%
钢铁丝网制品（Certain Steel Grating）	2009.5.29	2009.6.25		有损害	14.36%	14.36%（3家）	145.18%
预应力混凝土用钢绞线（Prestressed Concrete Steel Wire Strand）	2009.5.27	2009.6.23		有损害	37.72% 151.44%	151.44%	193.55%
油井管产品（Certain Oil Country Tubular Goods）	2009.4.8	2009.4.29		有损害	0% 36.53%	36.53%	99.14%

续表

初裁		商务部终裁					国际贸易委员会终裁	命令发布之日
补贴		倾销			补贴			
单独税率	其他税率	单独税率	分别税率	全国税率	单独税率	其他税率		
12.83% 3.92%	8.38%	7.62%	7.62%	135.84%	19.46% 202.84%	19.46%	有损害	2010.11.17
12.97% 11.06%	12.02%	50.01%， 82.24%	66.13% （5 家）	98.74%	13.66% 56.67%	35.17%	有损害	2010.11.10
0.07% 0.88%	微量幅度	128.10%	128.10%	236.00%	253.87% 24.24%	24.24%	有损害	2010.9.20
0.29% 118.68%	59.49%	0%	123.83%	247.65%	1.56% 117.95%	1.56%	有损害	2010.9.1
		77.75%	77.75%	174.85%			有损害	2010.8.18
2.02% 3.13%	2.58% 437.73%	17.75%， 14.24%	16.00% （3 家）	143.00%	1.52% 3.55% 437.11% （既得事实）	2.54%	无损害	
7.44%	7.44%	136.76%	136.76%	145.18%	62.46%	62.46%	有损害	2010.7.23
7.53% 12.06%	9.80%	42.97%， 175.94%	175.94%	193.55%	8.85% 45.85%	27.35%	有损害	2010.6.29 （反倾销） 2010.7.7 （反补贴）
24.33% 10.90% 24.92% 30.69%	21.33%	29.94% （3 家）	29.94%	99.14%	15.73% 14.61% 10.36% 11.95%	13.20%	有损害	2010.1.20 （反补贴） 2010.5.21 （反倾销）

产品名称	发起调查日期		同案的其他国家及地区	国际贸易委员会初裁	商务部		
					倾销		
	国际贸易委员会	商务部			单独税率	分别税率	全国税率
2008							
厨房设备搁物架（Kitchen Appliace Shelving and Racks）	2008.7.31	2008.8.27		有损害	25.66% 17.15%	21.41% （3家）	96.45%
后拖式草地维护设备及零部件（Tow-Behind Law Groomers and Certain Parts.）	2008.6.24	2008.7.21		有损害	168.25% 168.25%	无	324.43%
柠檬酸和特定柠檬酸盐（Gitric Acid and Certain Citrate Salts）	2008.4.14	2008.5.12	加拿大	有损害	150.09% 119.11%	134.75% （11家）	156.87%
环形无缝碳素钢线管（Circular Welded Carbon Qualiry Steel Line Pipe）	2008.4.3	2008.4.29	韩国	有损害	67.83% 81.52%	74.68% （4家）	81.52%
铜封维修阀门（Frontseating Service Valves）	2008.3.19	2008.4.15		有损害	15.41% 26.72%	无	55.62%
羟基乙叉二膦酸［1-Hydroxyethy lideue-1 1-Diphosphenic Acid（HEDP）］	2008.3.19	2008.4.14	印度	有损害	24.30% 72.42%	24.30% （2家）	72.42%
钢制螺杆（Steel Threaded Rod）	2008.3.5	2008.4.1		有损害	176.57% 77.85%	91.22% （9家）	206%
焊接不锈钢压力管（Circular Welded Austenisitic Stainless, Pressure Pipe）	2008.1.30	2008.2.26		有损害	22.03% 22.03%	无	22.03%
小直径石墨电极（Small Diameter Graphite Eletrades）	2008.1.17	2008.2.13		有损害	132.80% 147.80% （4家）	140.30% （11家）	159.34%
2007							
内置弹簧（Uncovered Innerspring Units）	2007.12.31	2008.1.28	南非 越南	有损害	118.17%	118.17% （7家）	234.51%

续表

初裁		商务部终裁					国际贸易委员会终裁	命令发布之日
补贴		倾销			补贴			
单独税率	其他税率	单独税率	分别税率	全国税率	单独税率	其他税率		
13.22% 197.14% 162.87% （5家）	13.22%	95.99% 44.77%	44.77% （3家）	95.99%	13.3% 170.82% 149.91% （5家）	13.30%	有损害	2009.9.14
0.95% 2.77% 254.5% （5家）	2.77% （5家）	154.75% 154.72%	无	386.28%	13.3% 264.98% （5家）	13.30%	有损害	2009.8.3
1.41% 3.92% 97.72%	2.67%	129.08% 94.61%	111.85% （11家）	156.87%	12.68% 3.6% 118.95%	8.14%	有损害	2009.5.29
31.65% 18.89%	25.22%	73.83%	73.83% （3家）	101.10%	40.05% 35.63%	37.84%	有损害	2009.5.13
		28.44% 12.95%	无	55.62%			有损害	2009.4.28
		0；72.42%	36.21% （2家）	72.42%			有损害	2009.4.28
		206% 55.10%	55.16% （9家）	206.00%			有损害	2009.4.14
		55.21% 10.53%	无	55.21%	299.16% 1.10%	1.10%	有损害	2009.3.17
		159.64% 159.64% 159.64% 159.64%	132.90% （11家）	159.64%			有损害	2009.2.26
		234.51%	164.75% （7家）	234.51%			有损害	2009.2.19

产品名称	发起调查日期		同案的其他国家及地区	国际贸易委员会初裁	商务部		
					倾销		
	国际贸易委员会	商务部			单独税率	分别税率	全国税率
亚硝酸钠（Sodium Nitrite）	2007.11.8	2007.12.5	德国	有损害	190.74% 190.74%	无	190.74%
聚酯薄膜［Polyothylene Terehpthalate Film, Sheetand Strip（PET Film）］	2007.9.28	2007.10.26	巴西 泰国 阿联酋	有损害	46.82% 76.72%	48.82%	76.72%
原始橡胶磁（Raw Flexible Magnets）	2007.9.21	2007.10.18	中国台湾	有损害	185.28% 105%	无	185.28%
轻克重热敏纸（Lightreight Thermal Paper）	2007.9.19	2007.11.5	德国	有损害	132.95% 2.3%	无	132.95%
电解二氧化锰（Electrolytic Manganese Dioxide）	2007.8.22	2007.9.19	澳大利亚	有损害	236.81%	无	236.81%
钢丝衣架（Steel Wire Garment Hangers）	2007.7.31	2007.9.17		有损害	33.85% 56.98%	45.69% （13 家）	182.44%
复合编织袋（Laminated Woven Sacks）	2007.6.28	2007.7.25		有损害	63.09% 108.09%	87.60% （12 家）	108.09%
薄壁矩形碳素管（Light-Walled Rectangular Pipe and Tube）	2007.6.27	2007.7.24	韩国 墨西哥 土耳其	有损害	223.52% 264.64% 247.75%（5 家）	无	264.64%
工程轮胎（New Pneumatic Off-the-Road Tires）	2007.6.18	2007.8.7		有损害	16.35% 19.73% 10.98% 51.81%	24.75% （24 家）	210.48%
圆形焊接管线钢管（Circular Welded Carbon Quality Steel Pipe）	2007.6.7	2007.7.5		有损害	0%；51.24%（没获分别税率）	25.67% （31 家）	51.34%
铁钉（Steel Nails）	2007.5.29	2007.7.16	阿联酋	有损害	20.77% 44.57%	29.36%	118.04%

续表

初裁		商务部终裁					国际贸易委员会终裁	命令发布之日
补贴		倾销			补贴			
单独税率	其他税率	单独税率	分别税率	全国税率	单独税率	其他税率		
93.56% 93.56%	93.56%	190.74% 190.74%	无	190.74%	169.01% 169.01%	169.01%	有损害	2008.8.20
		3.49% 76.22%	3.49% （5家）	76.72%			有损害	2008.11.10
70.41% 70.41%	70.41%	185.28% 105%	无	185.28%	109.95% 109.95%	109.95%	有损害	2008.9.17
5.68% 0.57% 59.5% 59.5%	5.68%	19.77% 115.29%	无	115.29%	13.17% 0.57% 123.65% （2家） 137.25%	13.17%	有损害	2008.11.24
		149.92%	无	149.92%			有损害	2008.10.7
		15.44% 94.06%	54.75% （14家）	186.98%			有损害	2008.10.6
57.14% （3家） 2.57% 11.59%	2.57%	91.73% 64.28%	64.28% （12家）	91.73%	223.74% 223.74% 352.82% 304.40% 29.54%	226.85%	有损害	2008.8.7
2.99% 77.85% 0.27%	2.99%	249.12% （6家） 264.64%	无	264.64%	15.28% 200.58% 2.17%	15.28%	有损害	2008.8.5
2.38% 3.13% 6.59%	4.44%	4.08% 19.15% 8.09% 0%	9.48%	210.48%	2.45% 14% 6.85%	5.62%	有损害	2008.9.4
264.95% 0% 16.59%	16.59%	85.55% 85.55%	69.2% （32家）	85.55%	615.92% 29.57% 44.86%	37.22%	有损害	2008.7.22
		0；21.24%	21.24% （64家）	118.04%			有损害	2008.8.1

产品名称	发起调查日期		同案的其他国家及地区	国际贸易委员会初裁	商务部		
					倾销		
	国际贸易委员会	商务部			单独税率	分别税率	全国税率
六偏磷酸钠（Sodium Hexametapho-sphate）（SHMP）	2007.2.8	2007.3.6		有损害	183.15% 183.15%	183.15% （3家）	183.15%
2006							
铜版纸（Coated Free Sheet Paper）	2006.10.31	2006.11.21	印度尼西亚 韩国	有损害	23.19% 48.07% 30.22%	无	99.65%
聚酯短纤（Certain Polyester Staple Fiber）	2006.6.23	2006.7.19		有损害	15.30% 10.45% 4.39%	9.25%	44.30%
活性炭（Certain Activated Carbon）	2006.3.8	2006.4.4		有损害	72.52% 84.45% 72.52%	72.52%	228.11%
2005							
刚盘条（Carbon and Certain Alloy Steed Wire Rod）	2005.11.10	2005.12.7	德国 土耳其	无损害			
线格文具纸（Lined Paper Products）	2005.9.9	2005.10.6	印度（反补贴） 印度尼西亚（反补贴）	有损害	80.18% 143.49%	137.62% （22家）	258.21%
金刚石锯片（Diamond Sawblades）	2005.5.3	2005.6.21	韩国	有损害	0.11% 16.34% 10.96%	14.96% （21家）	164.09%
艺术画布（Certain Artist Canvas）	2005.4.1	2005.4.28		有损害	55.78% 73.66%	70.28%	264.09%
2004							
三氯异氰尿酸（Chlorinated Isocyanurales）	2004.5.14	2004.6.10	西班牙	有损害	125.97% 179.48%	140.27% （5家）	179.48%
圆形焊接线管（Circular Welded Carbon-Quality Line Pine）	2004.3.3	2004.3.30	韩国 墨西哥	有损害	无	无	73.17%
镁铁（Magnesium Metal）	2004.2.17	2004.3.25	俄罗斯	有损害	128.11% 117.41% 177.62%	140.09% （1家）	177.62%

续表

初裁		商务部终裁					国际贸易委员会终裁	命令发布之日
补贴		倾销			补贴			
单独税率	其他税率	单独税率	分别税率	全国税率	单独税率	其他税率		
		188.05% 188.05%	92.02%	188.05% 188.05% （Tianyun）			有损害	2008.3.19
10.90% 20.35%	18.16%	21.72% （2家） 99.65% （中途退出）	无	99.65%	7.4% 44.25%	7.40%	无损害	
		0%; 3.47% 4.86%	4.44% （17家）	44.30%			有损害	2007.6.1
		78.89% 62.08% 228.11%	73.60% （19家）	228.11%			有损害	2007.4.27
		94.98% 76.70%	78.39% （28家）	258.21%			有损害	2006.9.28
		2.5% 34.19%	20.72% （32家）	164.09%			无损害	
		77.90%	77.90%	264.09%			有损害	2006.6.1
		75.78% 285.63%	137.69% （4家）	285.63%			有损害	2005.6.24
		申请方撤诉						
		91.31%	91.31%	141.49% （2家既得事实）			有损害	2005.4.15

产品名称	发起调查日期		同案的其他国家及地区	国际贸易委员会初裁	商务部		
					倾销		
	国际贸易委员会	商务部			单独税率	分别税率	全国税率
2003							
冷冻暖水虾（Frozen Warmwater Shrimp）	2003.12.31	2004.1.27	巴西 泰国 印度 越南	有损害	90.09% 0.04% 7.07% 98.34%	49.09%（23家）（30家没有获得）	112.81%
23号颜料紫（Carbazole Violet Pigment 23）	2003.11.21	2006.12.19	印度	有损害	76.5% 124.71% 168.01% 53.22%	无	370.06%
购物推车（Handtrucks and Certain Parts thereof）	2003.11.13	2003.12.9		有损害	216.36% 31.87% 24.62% 74.88%	76.15%（2家）	346.94%
木制卧室家具（Wooded Bedroom Furniture）	2003.10.31	2003.12.17		有损害	7.04% 19.24% 4.9% 8.38% 6.59% 24.34% 9.34%	10.92%（82家）	198.08%
电解二氧化锰（electrolytic Manganese Dioxide）	2003.7.31	2003.8.27	希腊 爱尔兰 日本 南非	无损害（初裁）			
烫衣板（Ironing Tables）	2003.6.30	2007.7.25		有损害	77.66% 153.76%	69.59%（3家）	153.76%
四氰康醇（Tetrahydrofurfuryl Alcohol）	2003.6.21	2003.7.18		有损害	31.33%	无	31.33%
聚乙烯零售购物袋（Polyethylene Retail Carrier Bags）	2003.6.20	2003.7.2	马来西亚 泰国	有损害	0.12% 16.55% 12.71% 9.01% 32.19% 4.45% 57.09%	12.71%（20家）	80.52%
二氨基、二苯乙烯、二磺酸和荧光增白剂（DAS）	2003.5.14	2003.6.10	印度	无损害			
彩色电视机（Color TV Receivers）	2003.5.2	2003.5.29	马来西亚	有损害	45.87% 27.94% 31.70% 31.35%	40.84%（5家）	78.45%

续表

初裁		商务部终裁					国际贸易委员会终裁	命令发布之日
补贴		倾销			补贴			
单独税率	其他税率	单独税率	分别税率	全国税率	单独税率	其他税率		
		80.19% 0.07% 27.89% 82.27%	53.68% （35 家） （18 家没有获得）	112.81%			有损害	2005.2.1
		5.51% 44.5% 27.19% 217.94%	无	217.94%			有损害	2004.12.29
		45.04% 27% 386.75% 24.9%	30.56% （2 家）	386.75%			有损害	2004.12.2
		2.32% 7.87% 2.66% 0.83% 4.96% 15.78%	7.24% （117家）	198.08%			有损害	2005.1.4
		9.47% 157.68%	72.29% （3 家）	157.68%			有损害	2004.8.6
		136.86% （既得事实）	136.86% （既得事实）	136.86% （既得事实）			有损害	2004.8.6
		0.2% 23.19% 2.29% 23.81% 19.73% 35.23% 41.21%	2306% （20 家）	77.33%			有损害	2004.8.9
		11.36% 24.48% 22.36% 4.35%	21.49% （5 家）	78.45%			有损害	2004.5.26

产品名称	发起调查日期		同案的其他国家及地区	国际贸易委员会初裁	商务部		
					倾销		
	国际贸易委员会	商务部			单独税率	分别税率	全国税率
绵纸（Tissue Paper）	2004.2.18	2004.3.15		有损害	9.55% 125.58% 163.36%	91.32% （11家）	163.36%
皱纹纸（Crepe Paper）	2003.2.18	2004.3.15		有损害	无	266.83% （4家）	266.83%
2002							
粽刚玉（Refined Brown Artificial Corundum or Brown Fused Alumina）	2002.11.29	2002.12.17		有损害	218.93%	无	218.93%
可锻铁管件（Malleable Iron Pipe Fittings）	2002.11.6	2202.11.25		有损害	13.8% 144.43% 4.96%	52.50%	146.41%
碳酸钡（Barium Carbonate）	2002.10.4	2002.10.25		有损害	7.66%	无	75.10%
聚乙烯醇（Polyvinyl Alcohol）	2002.9.13	2002.10.1	德国 日本 韩国	有损害	0.20%		97.86%
糖精（Saccharin）	2002.7.18	2002.8.8		有损害	231.62% 74.96% 197.55%	有	363.22%
钢制篱笆桩（Law and Garden Steel Fence Posts）	2002.5.8	2002.5.29		有损害	0% 16.53% 14.69%	无	32.73%
油井管（Oil Country Tubular Goods）	2002.4.5	2002.4.26	德国 巴西 奥地利 法国 印度 印度尼西亚 罗马尼亚 南非 俄罗斯 西班牙 土耳其 乌克兰 委瑞内纳	无损害			

续表

初裁		商务部终裁					国际贸易委员会终裁	命令发布之日
补贴		倾销			补贴			
单独税率	其他税率	单独税率	分别税率	全国税率	单独税率	其他税率		
		112.64% 112.64%	112.64% （9 家）	112.64%			有损害	2005.3.30
		266.83% 266.83%	266.83% （3 家）	266.83%			有损害	2005.1.25
		135.18% （既得事实）	无	135.18% （既得事实）			有损害	2003.11.19
		11.35% 14.32% 7.35%	10.96% （2 家）	111.36%			有损害	2003.12.12
		34.44%		81.30%			有损害	2003.10.1
		6.91%		97.86%			有损害	2003.10.1
		291.57% 249.39% 281.97%	无	329.33%			有损害	2003.7.9
		0% 1.42% 6.6%	无	15.61%			有损害	2003.6.12

产品名称	发起调查日期		同案的其他国家及地区	国际贸易委员会初裁	商务部		
					倾销		
	国际贸易委员会	商务部			单独税率	分别税率	全国税率
不可锻铸铁管接头（Non-Malleable Cast Iron Pipe Fitting）	2002.2.27	2002.3.20		有损害	12.55% 18.97%	无	55.17%
球轴承（Ball Bearings and Parts Thereof）	2002.2.21	2002.4.3		有损害	2.39% 2.5% 2.32%	2.41% （45 家）	59.30%
2001							
钒铁（Ferrovanadium）	2001.11.26	2001.12.26	南非 越南	有损害	73.29%	无	78.50%
冷轧碳钢板（Cold-Rolled Carbon Steel Flat Products）	2001.10.5	2001.10.26	俄罗斯 南非 西班牙 瑞典 中国台湾 泰国 土耳其 委瑞内纳 新西兰 荷兰 韩国 日本 印度 德国 澳大利亚 比利时 巴西 阿根廷 法国	有损害	129.85%	无	129.85%
高炉焦炭（Blast Furnace coke Prodnits）	2001.7.6	2001.7.26	日本	无损害			
焊缝钢管（Circular Welded Carbon-Quality Steel Pipe）	2001.6.4	2001.6.21	印度尼西亚 马来西亚 罗马尼亚 南非	有损害	0% （2 家） 16.65%	16.65% （5 家）	36.42%

续表

初裁		商务部终裁					国际贸易委员会终裁	命令发布之日
补贴		倾销			补贴			
单独税率	其他税率	单独税率	分别税率	全国税率	单独税率	其他税率		
		6.34% 7.08%	无	75.50%			有损害	2003.4.7
		8.33% 7.22% 0.59%	7.8% （45家）	59.30%			无损害	
		12.97%	无	66.71%			有损害	2003.1.28
		105.35% （既得事实）	无	105.35% （既得事实）			无损害	
		0% （2家） 3.87%	3.87% （5家）	36.42%			无损害	

产品名称	发起调查日期		同案的其他国家及地区	国际贸易委员会初裁	商务部		
					倾销		
	国际贸易委员会	商务部			单独税率	分别税率	全国税率
H 型钢（Structural Steel Beams）	2001.6.4	2001.6.20	德国 意大利 卢森堡 俄罗斯 韩国 西班牙	有损害	159.60%		117.21%
金属折叠椅（Folding Metal Tables and Chairs）	2001.5.4	2001.5.24		有损害	0% 134.77%	134.77% （2 家）	134.77%
汽车挡风玻璃（Automotive Replacement Glass Windshields）	2001.2.28	2001.3.27		有损害	0.05% 9.79%	9.79% （5 家）	124.50%
折叠礼品盒（Folding Gift Boxes）	2001.3.1	2001.3.19		有损害	19.96% 0.39%	无	164.75%
2000							
热轧钢卷（Hot-Rolled Carbon Steel Flats Products）	2000.11.22	2000.12.12	阿根廷 印度 印度尼西亚 哈萨克斯坦 罗马尼亚 韩国 中国台湾 泰国 乌克兰	有损害	40.74% 67.44% （2 家） 64.77%	44.49% （2 家）	67.44%
金属镁（Pure Magnesium in Grannular Form）	2000.10.25	2000.11.14	以色列 俄罗斯	有损害	8.76%	24.67%	305.56%
蜂蜜（Honey）	2000.10.6	2000.11.1	阿根廷	有损害	44% 37.5% 36.98%	39.76% （4 家）	183.80%
铸造焦炭（Foundry Coke Prodcuts）	2000.9.27	2000.10.17		有损害	147.21% 221.42%	40.18% 136.52%	214.89%
桌面点钞器与钞票扫描器（Desktop Note Counters and Scanners）	2000.7.25	2000.8.11	韩国 英国	无损害			

续表

初裁		商务部终裁					国际贸易委员会终裁	命令发布之日
补贴		倾销			补贴			
单独税率	其他税率	单独税率	分别税率	全国税率	单独税率	其他税率		
		15.23%	无	89.17%			无损害	
		0%; 13.72%	13.72% （2 家）	70.71%			有损害	2002.6.27
		3.70% 11.80%	9.84% （5 家）	124.50%			有损害	2002.4（现已撤销）
		8.9% 1.67%	无	164.75%			有损害	2002.1.8
		64.2% 69.85% 96.83%	65.59% （2 家）	90.83%			有损害	2001.11.29
		24.67%	24.67%	305.56%			有损害	2001.11.19
		57.13% 49.75% 25.88%	45.51% （4 家）	183.80%			有损害	2001.12.10
		109.85% 163.73%	76.19% 78.05%	214.89%			有损害	2001.9.17

产品名称	发起调查日期		同案的其他国家及地区	国际贸易委员会初裁	商务部		
					倾销		
	国际贸易委员会	商务部			单独税率	分别税率	全国税率
混凝土钢筋（Steel Concrete Reinforcing Bars）	2000.7.20		奥地利 白俄罗斯 印度尼西亚 韩国 乌克兰 委瑞内纳 拉脱维亚 摩尔多瓦 波兰 俄罗斯	有损害	20.89%	无	59.98%
钢丝绳（Steel Wire Rope）	2000.3.9	2000.3.27	印度 马来西亚 泰国		24.22% 56.54%（6家）		118.78%
柠檬酸（Citric Acid）	1999.12.22	2000.1.11		无损害			

续表

初裁		商务部终裁					国际贸易委员会终裁	命令发布之日
补贴		倾销			补贴			
单独税率	其他税率	单独税率	分别税率	全国税率	单独税率	其他税率		
		132.53%（既得事实）	132.53%（既得事实）	132.53%（既得事实）			有损害	2001.9.7
		0.02% 42.23%	42.23%（6家）	58.00%			无损害	

后　　记

本书初稿的各个章节陆续完成于2020年12月至2021年1月间，之后还曾发给北京市通商律师事务所的青年律师们阅读评议。

自完稿以来的一年多时间里，国际上又发生了许多重大的事件。其中抗击新冠疫情方面最主要的是基于基因技术和传统灭活技术的新冠疫苗开始上市并在中国和欧美一些国家陆续对大量人群接种。然而，发达国家对疫苗的垄断囤积与不发达国家疫苗的缺乏，德尔塔与奥密克戎两个主要变种的出现，使得整个世界仍然笼罩在新冠病毒的阴影中。世界经济贸易方面的大事当然就是2020年年底《区域全面经济伙伴关系协定》（Regional Comprehensive Economic Partnership，RCEP）的签订和中欧投资协议完成谈判。尽管由于个别国家和欧洲议会议员的杯葛，欧盟中止了对于中欧投资协议的审批，但包含15国的RCEP协议还是于2022年初正式生效。

美国国会两党和拜登政府的对华政策与特朗普时期相比并未发生实质性变化，这也导致中美经贸关系并未发生实质性的改进。美国拜登政府在国际上基于传统的价值观以及遏制中国发展的战略需要，在国内受各种势力的掣肘无法实施有效的抗疫措施，造成供应链断裂和码头工人的缺乏，加上坚持不减少或解除对华产品增加的关税，导致国内通胀持续上升。反之由于抗疫情措施得力，生产快速恢复加上供应链完整,中国对美贸易的金额和顺差却大幅增长。上述各种因素的综合可能是2021年美国国内产业仅仅申请了四起对华产品的反倾销、反补贴调查,是近十几年来最少的一年。

时间进入2022年,世界上最重大的事件当然是俄罗斯对乌克兰的"特别军事行动"。这场俄乌冲突以及美西方对俄罗斯的全面制裁造成国际能源和粮食的危机。美国对中国的围堵与遏制战略导致全球供应链的部分断裂。美联储多年来的量化宽松政策推动美国的通胀持续上涨,6月份同比通胀率为9.1%达到了40年来的新高。中国由于部分省份4月份的疫情突然暴发和一些地方的严控措施造成生产、消费和出口的下滑,但从5月份开始出现V型反弹,第二季度GDP实现正增长,全年有望达到或接近年初预定目标。

最近一两年,随着中国不断出台许多深化改革、扩大对外开放的法律法规以及相关的财政金融政策,一些关于补贴的判定和补贴利益的确定可能也会发生改变。例如,对国有企业的补贴是否还具有专项性,外资独资或占大股的银行贷款能否作为利率比较基准,等等。再如,关于货币低估,美国财政部报告指出2020年度人民币估值偏低是由市场行情决定而非中国政府的干预行为所致,而2021年人民币对美元持续升值,显然不存在所谓货币低估的事实,也不存在有关的补贴指控。另外,这期间作者培养指导的国际贸易法团队于2021年加入了北京市通商律师事务所,并在美国商务部发起的针对自中国进口金属储物柜的反倾销、反补贴调查一案中代理杭州欣力公司获得反倾销终裁零税率的优异成绩,这也是中国企业近十年来在初始立案调查中得到的最好结果。

我们在序言中提到,"反倾销与反补贴仍然是中美贸易摩擦现阶段和未来相当长时间内的主要形式、重要热点和一贯难点,或者说反倾销与反补贴是中美贸易摩擦的永恒主题"。作为《美国反倾销法律与实务》的姊妹篇，我们同样考虑今后每五至七年左右争取对本书进行一次再版修订，以便能够及时反映美国的贸易政策变化以及与补贴调查有关的法律法规或程序的调整，帮助读者始终处于应诉美国反补贴的主动状态。

感谢北京市通商律师事务所的侯霄华律师阅读了本书的全部初稿并提出宝贵的意见，感谢司爽莹帮助更新了本书的附录三。

感谢法律出版社的编辑们对本书的出版所做出的辛勤努力。还要再次感谢我们家人的持续支持和鼓励。

我们始终诚挚地欢迎广大读者指出书中的错误之处并将批评意见反馈给我们。

叶晓明：jnxmye@ hotmail. com

王建宇：jyw711@ aliyun. com

作者：叶晓明、王建宇

2022 年 7 月 20 日